大数据管理与应用系列教材

数据资产会计

金 帆 冷奥琳 编著

机械工业出版社
CHINA MACHINE PRESS

随着数字经济的发展，数据作为战略性生产要素的重要作用逐渐显现，从 2024 年 1 月 1 日开始，数据资产正式进入企业财务报表，企业如何进行数据资产的会计处理迫切需要理论指导和实务指南。

本教材基于相关国家政策，融合数据资产的管理实践和理论研究，系统地阐述了数据资产会计的基本理论与核算方法，包括数据资产的确认和计量、成本核算、价值评估、数据交易、信息披露及实务工作的组织等内容。

本教材可作为工商管理、会计学专业本科生及研究生开设会计前沿课程"数据资产会计"的教学用书，也可作为会计人员继续教育、党政干部或企事业单位管理人员数据资产入表专题培训的参考资料。

图书在版编目（CIP）数据

数据资产会计 / 金帆，冷奥琳编著． -- 北京 ：机械工业出版社，2024.9. -- ISBN 978-7-111-76325-3

Ⅰ．F275.2

中国国家版本馆 CIP 数据核字第 2024QS5436 号

机械工业出版社（北京市百万庄大街 22 号　邮政编码 100037）
策划编辑：刘　畅　　　　责任编辑：刘　畅　马新娟
责任校对：龚思文　张　薇　　封面设计：王　旭
责任印制：常天培
北京铭成印刷限公司印刷
2024 年 9 月第 1 版第 1 次印刷
184mm×260mm・11.5 印张・1 插页・240 千字
标准书号：ISBN 978-7-111-76325-3
定价：39.80 元

电话服务　　　　　　　　　　网络服务
客服电话：010-88361066　　　机　工　官　网：www.cmpbook.com
　　　　　010-88379833　　　机　工　官　博：weibo.com/cmp1952
　　　　　010-68326294　　　金　书　网：www.golden-book.com
封底无防伪标均为盗版　　　　机工教育服务网：www.cmpedu.com

前言 PREFACE

从工业经济向数字经济的转型是 21 世纪人类社会发展的重要里程碑。相比于工业经济，数字经济展现了更加强大的生命力，也呈现出很多新的特点。其中，最重要的就是数据作为一种新的生产要素，发挥着越来越关键的作用。如何认识、发现、应用和管理数据，决定着一个经济体能否在数字经济新赛道上持续创新，领跑世界。

近年来，数据资产作为战略性生产要素受到国家的高度重视，大量法律法规文件密集出台，为数据产业发展创造了条件。2023 年 10 月 25 日，国家数据局正式揭牌，担负着统筹推进数字中国、数字经济、数字社会规划和建设的历史责任。数据资产不仅深刻影响着政府、企事业单位的工作方式和运营模式，而且为理论界带来了前所未有的挑战，其中会计学科面临的挑战尤为严峻。数据呈现出很多与传统资产不同的新特征，这些新特征为会计学领域的理论研究和管理实践带来了新的问题：数据是否具备会计意义上的资产属性？如果数据可以作为资产进行核算和管理，关于数据资产的确认、计量、价值创造与价值评估、信息披露等一系列问题都需要进行科学的、深入的探讨，从而推进数字经济时代会计理论的持续创新和会计实践的科学发展。

研究数字经济时代会计学面临的新问题，需要基于对数据资产管理实践的实地调研，运用会计学的基本原理，融合相关学科的理论知识，创新性地进行理论研究，并不断在管理实践中进行检验和完善，从而发现数据资产会计的内在规律，指导数据资产的会计实践。本教材项目组近年来致力于数字经济，特别是数据资产的实地研究，与大量数据管理相关的企业或机构建立了合作关系，进行了大量的实地调研，积累了丰富的一手资料，并对数据资产会计的相关理论问题进行了深入的理论探讨。同时，数据资产会计相关主题已在工商管理、会计学专业本科生和研究生课堂上进行了多次教学实践，取得了良好的教学效果。

为全面贯彻党的教育方针，落实立德树人根本任务，培养管理类研究生的战略思维与创新思维，项目组遵循理论与实践相结合、学术探讨与实际应用相结合的原则，基于项目组多年来的研究基础，参考部分国内外关于数据资产会计的相关研究成果，编著了《数据资产会计》这本教材。

本教材是团队智慧的结晶，历经多次学科研讨并最终成书，在这里感谢贵阳大数据交易所、美林数据技术股份有限公司、袋鼠云、上海爱数信息技术股份有限公司等企业参与研讨并提供帮助。在编著过程中，裴志锋、张恩蕊、杜慧娴、张倍如、孙彦冰等参与了部分初稿的研讨，冷奥琳参与了第7、8章初稿的编写，在此表示衷心感谢。全书由金帆负责编写、统稿和定稿。

鉴于数据资产会计处于会计学领域的前沿，教材的重要目的之一就是引导教师和学生对相关前沿问题进行分析和研讨，在头脑风暴中探索数字经济环境下的新挑战与新问题，从而不断构建和完善数据资产会计的理论与方法。以本教材为基础开设的本科生或研究生课程，建议设置32学时，每一章开展一次集中的课堂讨论，其他培训活动可以根据需要设置学时数。同时，在条件允许的情况下，建议在教学或培训中引入实践环节，如赴数据管理较为成熟的企事业单位进行现场访学交流，从而直观体验数据资产在管理实践中的流程与作用。课程的考核方式，建议以课堂研讨和课程报告为主，教材的每一章都设计了延伸讨论，除了课堂交流外，共设计了七项需要提交的课程报告，均以小组为考核对象。

本教材以"企业"为对象研究数据资产会计的理论与实务问题，也可以为政府或非营利组织等会计主体处理数据资产提供参考。目前,数字经济仍然处在高速发展之中,关于数据资产会计的理解和认识会随着数字经济的发展而不断深入。限于教材项目组的研究能力和诸多客观条件限制,本教材可能存在一些浅显或不当之处,敬请读者批评指正。

本教材配套的教学大纲和 PPT 等资料,有需求的教师可以登录机械工业出版社教育服务网(www.cmpedu.com)自行下载。视频、习题等数字资源请读者扫描书中二维码观看及练习。

编者
2024 年 4 月

数字资源总码

目录 CONTENTS

前言

第 1 章 数字经济与数据资源

导言 ······ 002
1.1 数字经济的产生与发展概述 ······ 003
    1.1.1 社会经济发展的历史阶段概述 ······ 003
    1.1.2 数字经济的主要特征 ······ 004
1.2 数据的主要类型与特征 ······ 006
    1.2.1 数据的主要类型 ······ 006
    1.2.2 数据的主要特征 ······ 008
拓展资料 ······ 009
延伸讨论 ······ 010

第 2 章 数据的资产化

导言 ······ 012
2.1 数据的会计属性 ······ 013
    2.1.1 权利属性 ······ 013
    2.1.2 价值属性 ······ 015
    2.1.3 关系属性 ······ 016
2.2 数据资产化的原则和路径 ······ 017
    2.2.1 数据资产化的产品观与资本观 ······ 018
    2.2.2 数据资产化的路径 ······ 019
2.3 数据资产的概念与特征 ······ 025
    2.3.1 数据资产的概念 ······ 025
    2.3.2 数据资产的特征 ······ 025
拓展资料 ······ 027
延伸讨论 ······ 028

第 3 章 数据资产的确认和计量

导言 ······ 032

3.1 数据资产的确认 ······ 033
 3.1.1 数据资产的分类 ······ 033
 3.1.2 数据资产确认的方式 ······ 035

3.2 数据资产的计量 ······ 039
 3.2.1 会计计量属性概述 ······ 039
 3.2.2 数据资产计量属性的选择 ······ 042
 3.2.3 数据资产相关科目设置 ······ 044
 3.2.4 数据资产的初始计量 ······ 045

拓展资料 ······ 048
延伸讨论 ······ 049

第 4 章 数据资产的成本

导言 ······ 052

4.1 数据资产的生命周期 ······ 053
 4.1.1 数据资产的规划阶段 ······ 053
 4.1.2 数据资产的生产阶段 ······ 054
 4.1.3 数据资产的流通阶段 ······ 054
 4.1.4 数据资产的使用与处置阶段 ······ 055

4.2 数据资产成本的内容 ······ 056
 4.2.1 数据资产的获取成本 ······ 056
 4.2.2 数据资产的加工成本 ······ 058
 4.2.3 数据资产的运维成本 ······ 059
 4.2.4 数据资产的使用成本 ······ 060

4.3 数据资产成本的核算 ······ 062
 4.3.1 外购数据资产的成本核算 ······ 062
 4.3.2 自行开发数据资产的成本核算 ······ 064

拓展资料 ······ 067
延伸讨论 ······ 068

第 5 章 数据资产的价值评估

导言 ········· 070

5.1 数据资产的价值创造及其特点 ········· 071
- 5.1.1 数据资产创造价值的原理 ········· 071
- 5.1.2 数据资产创造价值的特点 ········· 073
- 5.1.3 数据资产价值评估的特征与方式 ······ 075

5.2 数据资产价值评估的基本方法 ········· 078
- 5.2.1 数据资产价值评估的成本法 ········· 078
- 5.2.2 数据资产价值评估的收益法 ········· 080
- 5.2.3 数据资产价值评估的市场法 ········· 082

5.3 数据资产价值的动态评估 ········· 084
- 5.3.1 数据资产价值动态评估的特点 ········· 084
- 5.3.2 基于收益法的动态评估 ········· 085
- 5.3.3 基于价值密度函数的动态评估 ········· 086

拓展资料 ········· 090
延伸讨论 ········· 091

第 6 章 数据资产交易

导言 ········· 094

6.1 数据资产交易概述 ········· 095
- 6.1.1 数据资产交易的现状 ········· 095
- 6.1.2 数据资产交易的流程 ········· 098

6.2 数据资产交易的类型与风险 ········· 100
- 6.2.1 数据资产交易的类型 ········· 100
- 6.2.2 数据资产交易的风险 ········· 102

6.3 数据资产交易的核算 ········· 104
- 6.3.1 数据资产交易核算的理论分析 ········· 104
- 6.3.2 数据型存货出售的核算 ········· 107
- 6.3.3 数据型无形资产交易的核算 ········· 109

拓展资料 ········· 110
延伸讨论 ········· 111

第 7 章 数据资产的后续计量

导言 …………………………………………… 114

7.1 数据资产的后续支出与摊销 …………… 115
7.1.1 数据资产的后续计量属性 ………… 115
7.1.2 数据资产的后续支出 ……………… 116
7.1.3 数据资产的摊销 …………………… 117

7.2 数据资产减值 …………………………… 120
7.2.1 数据资产的减值测试 ……………… 120
7.2.2 数据资产减值的核算 ……………… 121

7.3 数据资产的处置 ………………………… 123
7.3.1 数据资产的毁损或报废 …………… 124
7.3.2 数据资产的捐赠 …………………… 126

拓展资料 ……………………………………… 127
延伸讨论 ……………………………………… 128

第 8 章 数据资产的信息披露

导言 …………………………………………… 130

8.1 数据资产信息披露的意义 ……………… 131
8.1.1 数据资产对企业财务指标的影响 …… 131
8.1.2 数据资产信息披露的原则和方式 …… 132
8.1.3 数据资产信息披露的作用 ………… 133

8.2 数据资产信息披露的内容与格式 ……… 134
8.2.1 资产负债表数据资产信息披露 …… 135
8.2.2 数据型存货的信息披露 …………… 136
8.2.3 数据型无形资产的信息披露 ……… 137
8.2.4 企业自愿披露数据资产的相关内容 … 138

拓展资料 ……………………………………… 139
延伸讨论 ……………………………………… 140

第 9 章 数据资产会计的工作组织与展望

导言 …………………………………………………… 144

9.1 数据资产会计的工作组织 ………………………… 145
    9.1.1 组织结构优化 ………………………………… 145
    9.1.2 数据资产会计制度的建立和完善 …… 147
    9.1.3 会计技术与数据技术的升级与融合 … 148

9.2 数据资产会计的展望 ……………………………… 149
    9.2.1 数据资产会计的实践探索 ……………… 150
    9.2.2 数据资产会计的理论研究 ……………… 151
    9.2.3 数据资产会计的人才培养 ……………… 153

拓展资料 ……………………………………………… 154
延伸讨论 ……………………………………………… 155

附 录

附录 A 《中共中央 国务院关于构建数据基础制度更好发挥数据要素作用的意见》 …………………………… 156

附录 B 《企业数据资源相关会计处理暂行规定》 ……… 166

参考文献 ……………………………………………… 173

第1章
数字经济与数据资源

导 言

  数字经济是一种新的经济形态，其中数据资源在数字经济发展中起着关键作用。数字经济以现代信息网络为主要载体，以信息通信技术融合应用、全要素数字化转型为重要推动力，促进公平与效率统一。数字经济正在成为影响各个国家重组全球要素资源、重塑全球经济结构、改变全球竞争格局的新赛道。

  理解数字经济以及数据本身的性质和特征是理解和认识数据资产会计问题的基础。从历史的视角认识社会经济及会计学发展的背景，能够让我们了解数字经济的重要影响，理解数字经济与数据的特征，认识数据在社会发展中的重要作用，从而理解数据资产会计问题的复杂性，为从会计学科视角研究数据资产奠定基础。

1.1 数字经济的产生与发展概述

在人类文明的历史长河中,科学技术是人类社会发展的根本动力。数字经济的产生与发展是社会进步的必然结果,并且进一步提升了社会进步的速度和质量。

1.1.1 社会经济发展的历史阶段概述

人类社会发展至今,主要经历了采猎经济、农业经济、工业经济和数字经济等经济形态,各种经济形态的演进既由人们对生产生活的更高需求推动,又促使人们不断丰富社会文明的内容和内涵。采猎经济在一定程度上满足了早期人类社会的基本生存问题,而农业经济在解决人类繁衍的基础上,促进了人类文明的诞生,科技、文化和教育在这一时期产生并缓慢发展,同时,随着剩余产品的出现和管理诞生了会计思想。15世纪随着地中海商品交易的繁荣,复式记账方法诞生,标志着会计学正式成为一门科学。当然,农业作为人类社会生存的基础,将一直是社会经济的重要组成部分。

工业经济的诞生极大地提高了人类社会发展的速度。经过农业经济时代的科学技术积累,18世纪中叶迎来了人类社会的第一次工业革命,从此人类社会进入机器化大生产阶段;19世纪中叶开始的第二次工业革命,不断将人类科技发展推向新的阶段，人类社会步入电气化时代；20世纪中叶开始的第三次工业革命影响深远，将人类带入信息化时代，生产逐步实现了自动化。工业经济时期人类逐步完善了科学教育体系，在产业发展、科技进步和资本市场的共同推动下，现代会计学于20世纪50年代被确立，成为促进社会经济发展最重要的"商业语言"，并逐渐形成了丰富的学科体系、理论体系和实践体系。

进入21世纪以来，随着新一代通信技术的发展及与各产业领域的深度融合，人工智能、移动互联网、云计算等技术呈现爆发式发展，对整个人类社会的运行产生了深刻影响，数字经济成为最新的经济形态。数字经济包括数字产业化、产业数字化、数字化治理和数据资产化等内容。数字产业化是将信息技术和数据资源转化为数字产品和服务的过程；产业数字化是将传统产业通过数字化技术进行升级和改造的过程；数字化治理是利用数字化技术提升政府、企业和社会组织的治理效率和水平；数据资产化是通过将数据进行采集加工并确认为资产，在社会经济活动中创造价值的过程。

数字经济发展之迅速超越了以往任何时代，也为会计学等各个学科发展带来深远的影响。中国信息通信研究院《中国城市数字经济发展研究报告（2023）》显示，我国数字经济规模超过50万亿元，总量居世界第二，占GDP的比重提升至41.5%。研究数字经济时代的新现象、新规律是绝大多数学科面临的必然挑战，数据资产会计正是在这一背景下诞生的新学科方向。

1.1.2 数字经济的主要特征

数字经济仍在高速发展阶段，人们对数字经济特征的认识也在不断深化。当前阶段，数字经济已经呈现如下一些主要特征。

(1) 数据成为驱动经济发展的新要素

进入数字经济时代，随着通信技术的发展和算力算法的进步，人们能够采集并处理海量数据，从中挖掘出传统方法难以企及的知识和规律，推动社会经济实现高质量发展。事实上，我们已经充分认识到，在社会经济发展中，数据要素具有放大、叠加、倍增作用，构建以数据为关键要素的数字经济是推动高质量发展的必然要求。当前，世界主要经济体均已认识到数据的重要性，都将数据归类为重要的战略性生产要素，出台大量的法律政策保护数据安全，鼓励数据流通，推动数据相关学科研究，促进数据创造价值。

(2) 产业数字化与产业融合同步

进入数字经济时代，不仅数字产业蓬勃发展，几乎所有传统产业都在进行数字化转型并相互融合。数字技术打破了传统行业的界限，催生出新的产业生态系统和价值链，今天人们看到的智能设备、智能服务都是数字经济环境下诞生的新产业。产业数字化及融合离不开数字基础设施建设，我国较早对数字基础设施给予了重点关注和投资，在4G、5G基站数量和覆盖率以及光网城市建设等方面均居于全球领先地位。

(3) 组织生态化发展

组织生态系统是适应环境变化的一种类似于自然生态系统的组织形式，数字技术为组织生态化发展提供了重要支撑，推动包括企业、政府及其他各种类型组织建立生态系统并基于生态系统进行运营。今天，互联网和物联网的发展为各级各类组织吸引用户提供了有力工具，把一次性或基于少量交易的顾客转化为自己的"终身用户"。组织的生态化发展不仅提高了创新能力和运行效率，而且大大节约了社会运行成本，为社会高质量发展奠定了基础。

(4) 数智技术成为社会发展的基础支撑

数字经济与以往经济形态在技术层面上存在本质不同，数字化与智能化成为数字经济最重要的技术支撑。工业经济时代诞生的机械化、电气化和信息化技术,虽然呈现递进关系,但在促进社会经济增长方面具有的共同特点是只能实现线性增长。从第四次工业革命开始,智能化技术突破了线性增长的限制,在一定条件下实现了指数级增长等非线性增长的方式,这是数字经济得以高速发展的保障。数智技术的广泛应用,将在很大程度上加速人类社会发展的进程。

1.2 数据的主要类型与特征

数据是对客观事物的性质、状态及相互关系的描述。近年来,"大数据"是一个使用频率非常高的词汇,被认为是促进社会经济增长的驱动力量。但实际上数据本身多种多样,也并非所有数据都能够为人们使用并创造价值。我们首先要了解数据的主要类型及数据的主要特征,以便于理解数据的会计属性。

1.2.1 数据的主要类型

数据有多种分类方式,根据使用目的或使用场景不同,主要有以下几种。

(1) 按照数据形式分类

按照数据形式,分为原始数据和衍生数据。原始数据相当于农场的农产品,是加工食品的原材料。对原始数据进行加工可以产生大量的衍生数据,但一般而言未做修改的原始数据会进行备份,一旦衍生数据发生问题,原始数据能够提供重新计算的机会。衍生数据包括各种数据集市、汇总层、宽表等以提高数据交付效率为目的的数据，也包括为业务服务的数据分析和数据挖掘结果等。

（2）按照数据结构分类

按照数据结构，分为结构化数据、非结构化数据和半结构化数据。结构化数据由数据元素汇集而成，每个记录结构都是一致的且可以使用关系模型予以有效描述，常见的结构化数据如银行卡号、交易金额、电话号码、产品名称等，行政审批系统、企业财务系统等均使用结构化数据。非结构化数据是不具有预定义模型或未以预定义方式组织的数据，如互联网、社交媒体、医疗影像产生的文本、图像、声音、影视等数据皆为非结构化数据。半结构化数据介于结构化数据和非结构化数据之间，常见于邮件系统、教学系统、档案系统等，如日志文件、网页文件、电子邮件等，一般而言，半结构化数据可通过适当方式转换为结构化数据。

（3）按照数据性质分类

按照数据性质，可以分为政务数据、商业数据、工业数据、科学数据等，进一步可以细分为电信数据、金融数据、能源数据、交通数据、文化数据、医疗数据、教育数据、气象数据等。当前，随着社会数字化程度的提升，每个行业、每个领域都在采集和管理大量的数据，如果这些数据能够充分地进行开发利用，就能够为社会创造更多价值。

（4）按照数据主体分类

为了合理确认数据权属，学界和实践领域将数据划分为公共数据、企业数据和个人数据。公共数据是党政机关、企事业单位等公共管理和服务机构在依法履职或提供公共服务的过程中采集、管理或产生的数据，如环境监测、交通、教育等数据。企业数据是法人数据的主体，一般指各类企业在存续期间产生、处理和持有的各种数据，如企业在生产经营管理中积累的自身的数据、收集的合作伙伴或用户的信息数据、合法取得并进行过处理的公共数据，以及通过市场交易等方式获得的外部数据等。个人数据是公民个体的信息数据，包括个体身份、性别、年龄、账户、财产、联系方式等可被观测的个人数据，也包括心理、文化等不可被观测的个人数据。

1.2.2 数据的主要特征

数字经济时代，数据具有多重特征，可以从技术角度、资产角度等方面研究数据的特征。本节对与数据资产化相关的主要特征进行介绍。

（1）规模大

数字经济时代的数据被称为"大数据"，其容量比以往时代高出几个量级。近年来，数字技术及人工智能的广泛应用，为数据采集、加工和分析提供了优良的条件，使得数据规模不断呈现指数级增长，根据 IDC（International Data Corporation，国际数据公司）的分析，每年数据量新增 50%，大约每两年就会翻一番，2022 年全球产生的数据总量约为 81ZB（1ZB≈1 万亿 GB）。正是因为数据的规模巨大，才有可能成为社会经济发展的驱动力量。认识和利用规模庞大的数据，成为会计学理论与实践面临的重要问题。

（2）可复制性

数据需要存储于一定的介质中，但是数据与存储介质依然相互独立，因此数据可以被复制且边际成本极低，这意味着数据既可以供多人同时使用，也可以多次循环使用。一般情况下，不同主体在数据使用上不存在直接利益冲突，因此有学者认为数据具有非竞争性。例如，文献数据库，只要获得使用许可，任何人可以同时阅览或下载使用。虽然数据持有者通过技术手段可以保护相关数据不受其他主体侵犯，但对于经营数据产品的主体而言，数据安全保护仍然是有限的。

（3）价值密度低

随着数字技术的广泛应用，人们可采集和应用的数据资源呈现爆发式增长，但数据的价值密度相对较低。传统的结构化数据信息量较为完整，价值密度相对较高。随着半结构化和非结构化原生态数据成为数据的主要形式，数据的加工和挖掘成为获取数据价值的重要工作，从而使得鲜活的、碎片化的、异构的数据成为生产或生活所能够利用的数据。例如，社交媒体的观点或意见，海量的评论中大部分内容是没有价值的，真正有价值的评论相对鲜见，增加了用户在低价值密度评论中的筛选难度。

总体来看，数据价值密度低不等于数据的价值低，通过一定的加工处理，人们能够从中发现和挖掘数据的潜在价值，并充分利用以促进相关业务提升价值创造能力。以气象数据为例，通过分析气象卫星采集的图像、气温、湿度、露点、气压、气团等数据信息，能够预测未来一段时期的天气状况，为交通、海事乃至人们的工作和生活带来便利。不过数据的加工分析等处理过程需要投入较高的软硬件及人力成本，这需要人们对数据质量进行筛选和评估。

（4）数据的完整性

数据能否被开发利用并创造价值，与数据本身是否具有完整性关系密切，数据的完整性是评估数据质量的主要因素之一。数据的完整性是指数据在存储、传输和处理过程中保持完整、准确和一致的能力。数据应该与实际情况相符，没有被误操作、误输入或被篡改，没有错误或偏差，没有被截断、删除或修改，没有遗漏或缺失，所有相关的数据项都应该存在，否则就不能正常发挥数据的作用。数据在不同的系统、应用或数据库中应该保持一致，不能产生冲突，包括数据格式、数据类型、数据约束等方面的一致。数据的完整性对于数据的开发和数据资产化至关重要。

拓展资料

补充阅读

延伸讨论

1. 关于数字经济的认识

第四次工业革命是以数字化、智能化、绿色化为主要特征的新一轮技术革命与产业变革，推动社会经济形态由工业经济形态升级为数字经济形态。传统产业的数字化、智能化转型，显著提高了生产效率，降低了生产成本，创造了经济价值。

小组讨论

课程小组讨论，数字经济具有的特征将对传统的会计学科产生哪些影响。

2. 关于数据的认识

数据成为一项重要的生产要素，并且比劳动、土地、资本、技术等生产要素发挥着更为重要的作用，不仅能够直接创造价值，而且可以驱动创新，为生产和管理决策提供强大的支持，提升经济增长方式。

小组讨论

课程小组讨论，数据与既有的四种生产要素相比，存在哪些显著不同的特征，并通过小组成员自身的经历，讨论数据如何对工作或生活产生影响或创造价值。

延伸讨论参考答案

第 2 章
数据的资产化

导　言

  2023年6月，2023大数据产业发展大会发布"2023大数据十大关键词"，而"数据资产化"居第二位，这表明"数据资产入表"成为2023年最受关注的社会现象之一。2023年8月，财政部印发《企业数据资源相关会计处理暂行规定》（以下简称《暂行规定》），标志着数据资产入表正式拉开帷幕，这也是全球首次接纳数据资产进入企业会计系统。

  作为数字经济时代一种重要的生产要素，研究数据如何作为一项资产进行管理具有重要的现实意义。从宏观意义来看，数据是重要的国家战略资源，是驱动经济增长的关键要素之一；从会计学的视角，数据资产化后，数据可以显著地赋能生产、管控风险，提高企业竞争力。数据从一种可用资源转化为企业资产，首先要进行数据的会计属性分析，进而对可资产化的数据进行确认和计量，最终在财务报告中进行信息披露，从而为企业进行管理决策和为利益相关者对企业进行价值判断提供科学的依据。

2.1 数据的会计属性

数据是广泛存在的资源,但并不是所有的数据都蕴含价值并能够最终释放价值,只有部分数据能够为企业等组织所利用并释放价值。《企业会计准则——基本准则》指出,资产是指企业过去的交易或事项形成的、由企业拥有或控制的、预期会给企业带来经济利益的资源。只有满足会计属性的数据,才能够通过数据资产化进入企业会计系统(企业会计系统也称财务系统,本书统称会计系统),最终呈现在财务报表上。我们可以从权利属性、价值属性和关系属性三个方面进行分析。

2.1.1 权利属性

数据要成为"资产",首先要在权利属性上与资产的概念保持一致。数据的权利归属一直在理论与实践领域引起较大争论。与有形实物或传统的无形资产不同,绝大多数数据并非由单一主体创造,而是多主体、多流程共同形成的,如基于公民或用户信息的数据、已出售设备的运行数据、交通数据、医疗数据、大型实验室数据等,这些数据的所有权基本不可能在相关主体之间进行清晰"划分",因此研究数据的权利属性,需要基于新的逻辑架构。《中共中央 国务院关于构建数据基础制度更好发挥数据要素作用的意见》(以下简称"数据二十条")创造性地提出建立数据资源持有权、数据加工使用权、数据产品经营权"三权分置"的数据产权制度体系，从而"淡化所有权，强调使用权"。

持有权在本质上是一定条件下对权利对象的直接支配或控制。数据资源持有权关联数据的采集或获取、存储、使用、更新、共享和保护等方面的决策和操作。数据持有权弱于所有权，但为数据流转、数据处理和衍生数据权利奠定了基础，也是其他数据权利的来源。从会计属性看，依靠数据持有权确认资产还需要一个前提，即该持有权必须合法合规，包括数据获取和使用的合法合规。当前，根据相关数据安全法的要求，大多数企业在采集用户或公民数据时都提供了授权协议，该协议明确了数据供给方和数据采集者、数据持有者的权利与义务。

数据加工使用权和数据产品经营权是"数据二十条"针对数据明确的一种权利，前者的权利范围是数据处理者使用数据和获取收益的权利，后者的权利范围是数据处理者许可他人使用数据或数据衍生产品的权利。在数据产业领域，大致可以分为两类数据权利主体：一类是构成数据流通领域核心的数据商业企业（简称数商或数商企业）；另一类是将数据主要用于生产经营的主体，非数商主体往往是自有数据或外购数据的终端消费者。

《企业会计准则——基本准则》指出，资产由企业拥有或者控制，是指企业享有某项资源的所有权，或者虽然不享有某项资源的所有权，但该资源能被企业所控制。而控制权的判定主要有以下两点要求：一是企业是否有权获得因使用该资产所产生的几乎全部经济利益；二是企业是否有权主导资产的使用。事实上，除了拥有所有权的数据外，企业通过合法合规方式获取的拥有持有权、加工使用权和产品经营权的数据，根据"数据二十条"的规定，企业均享有与"控制权"相当的权益，即在依法享有的权限内，通过许可授权、使用、转让、出售等方式实现"谁投入、谁贡献、谁受益"。数据加工使用权强调对数据利用从而为企业创造价值的权利,拥有数据产品经营权可以依法许可他人使用数据或数据衍生产品,在促进数据要素流通复用的同时,为企业创造价值。因此,拥有"三权"的一项或多项权利都可以视同拥有控制权,但未获得授权而取得的历史数据另当别论。根据会计准则的精神,企业拥有数据的"三权"可以使该数据满足资产确认过程中的权利属性要求。

2.1.2 价值属性

创造价值是企业持有、加工使用或经营数据的本质目标,一项数据是否具有价值并为企业带来经济利益是能否将其作为资产纳入会计系统的前提之一,我们可以从成本和效益两个角度分析数据的价值属性。

企业使用公开数据往往不必付出直接成本,如政府公布的统计数据、网站展示的公开数据等,这些数据具有公共产品属性,企业不必纳入会计系统。除公共数据外,企业使用的数据大体有两种来源:一是自行采集加工;二是外部渠道获取,包括采购或赠予等。企业自行采集加工数据需要付出设备、材料及人工成本,如大部分企业配置有数据或信息部门,企业数字化转型往往需要安装传感器以采集设备的运维数据,大数据的处理需要强大的算力保障等。外部采购或其他主体赠予的数据一般经过数据标注、数据清洗、集合汇聚等一系列环节后流通到数据使用主体,其中每一个环节都需要成本投入。从成本角度看,数据是各种成本的结晶,凝结了一定价值。

数据最终为企业等组织或个人所使用,并发挥作用创造价值。数商企业处于数据生命周期前端,一方面付出成本获取数据,投入资源治理数据,并将加工处理后的数据通过合法合规授权、转让数据产品方式流通到下一环节,获得相应收入,实现价值变现。非数商企业是数据的终端使用者,以外购或者自行开发的方式获取数据，赋能生产经营或投融资活动，实现降本增效等方面的目标，从而创造更多价值。如云南某企业发现某卷包机机组生产某固定牌号烟支的效率明显高于其他卷包机机组，根据这一现象，美林数据公司通过采集和分析数据，合理地将各类牌号的烟支与最适应生产该类牌号的卷包机进行匹配以优化排产，最后确定了各类牌号烟支与其最为匹配的卷包机，大大提高了生产效率。

数据具有自身的特性，数据在使用时对时效性和个性化场景的要求较高。时效性意味着超过一定时间后，数据的价值可能迅速消散；个性化场景意味着数据在使用时对应用场景的要求较高，在不同的场景内使用其价值可能不同，缺乏稳定的价值形态。因此，如果企业的数据因其时效性较差或与企业业务环境关联较小等无法为企业创造经济利益，该项数据则不能确认为企业资产。

2.1.3　关系属性

根据《企业会计准则——基本准则》，资产须由企业过去的交易或事项形成。事实上，关系属性中的"过去"主要是基于会计谨慎性的要求，确保企业预期在未来发生的交易或事项不形成资产，同时要求交易或事项已经基本完成才能够进行确认。

数据与传统意义上的资产具有不同特征，数据的时效性关系重大。企业使用的大量数据往往是持续不断地获取并进行实时更新的，对于部分数据来说，在关系属性的确认中，不能明确表明"过去"——无论交易还是事项，都可能并未结束。中国信息通信研究院发布的《数据资产化：数据资产确认与会计计量报告（2020年）》给出的数据资产定义中的关系属性为"企业在生产经营活动中产生的或从外部渠道获取的"，这与"由企业过去的交易或事项形成的"这一表述不同。中国资产评估协会发布的《资产评估专家指引第 9 号——数据资产评估》给出的数据资产定义更是直接删除了对数据资产关系属性的要求。

关系属性对于确认数据资产而言是不是就失去了必要性呢？从会计的角度看，关系属性仍然是必要的，只是其含义需要延伸。在可预见的空间范围和时间范围内与企业价值创造活动不相关的数据，不应确认为资产，关系属性仍然是确认数据资产的前提。如运营导航软件的企业就需要实时获取路况信息数据进行使用，过去收集的路况信息数据对企业价值微小。在分析数据的关系属性时，要明确该项数据与企业生产经营或投融资活动的关系，淡化"过去"这一属性，因此关系属性可以修订为：企业交易或事项形成的数据资源。

综上所述，随着时代发展，数据越来越成为重要的生产要素，哪些具有会计属性的数据应当作为资产进行会计处理。

2.2 数据资产化的原则和路径

具有会计属性的数据资源可以进行资产化并进入会计系统。对于繁杂的数据，需要依据科学的原则并遵循一定的路径进行资产化。《"十四五"数字经济发展规划》明确提出，强化高质量数据要素供给，加快数据要素市场化流通，到 2025 年初步建立数据要素市场体系。2023 年 8 月，财政部发布《企业数据资源相关会计处理暂行规定》（以下简称《暂行规定》），对数据资产化的相关问题进行了规范。根据会计学科的基本理论，我们可以按照产品观和资本观处理数据的资产化问题，并在此基础上分析数据资产化的路径。

2.2.1 数据资产化的产品观与资本观

（1）数据资产化的产品观

产品观的内涵是将数据作为企业的产品进行会计处理。在产品观下，企业数据的归宿是交易，即作为产品以合法合规的方式流转至其他主体，企业获取相应的收益。企业参与数据生命周期中的一个或几个环节，但并不一定是数据产品的最终使用者。在产品观下，数据资产核算的重点是数据产品的成本与收入。

对于数商企业或一般企业的数商业务而言，在产品观下，持有数据的目的是出售给其他市场主体。《暂行规定》指出，企业日常活动中持有、最终目的用于出售的数据资源，符合《企业会计准则第 1 号——存货》（财会〔2006〕3 号，以下简称存货会计准则）规定的定义和确认条件的，应当确认为存货。存货会计准则要求，要确认数据为存货，应满足下述条件：一是与该存货有关的经济利益很可能流入企业；二是该存货的成本能够可靠地计量。按照存货会计准则确认的数据资产，依据存货会计准则进行初始计量、后续计量以及数据产品交易的核算，《暂行规定》阐述了通过外购和数据加工取得存货的成本核算方式，即数据产品的采购价格和税费、加工过程支出以及权属鉴定、评估、登记等其他直接相关支出均计入数据产品存货成本，数据交易时按照存货会计准则将其成本结转为当期损益，同时按照收入准则等规定确认相关收入。

（2）数据资产化的资本观

资本观的内涵是数据作为企业赖以长期发展的资本进行会计处理。在资本观下，企业数据作为支持企业生产经营或投融资等活动的资产长期发挥作用，而不是产品观下短期内进行交易。企业的数据是否以资本观为原则进行核算，主要依据数据的持有目的和持有方式，而不管数据是外购还是自行开发形成。在资本观下,数据资产是一种长期资产,持续为企业带来经济利益流入,其核算的重点是数据资产的成本与后续计量。

在资本观下,无论数商企业还是一般企业,持有数据的目的是在较长时期内持续为企业创造价值,其方式包括自行使用、出售、转移、授予许可、租赁或者交换等。《暂行规定》指出,企业数据"符合《企业会计准则第6号——无形资产》(财会〔2006〕3号,以下简称无形资产会计准则)规定的定义和确认条件的,应当确认为无形资产"。无形资产会计准则要求,只有没有实物形态的可辨认非货币性资产才能成为无形资产,可辨认意味着能够从企业中分离或者划分出来,或者源自合同性权利或其他法定权利,无论这些权利是否可以从企业或其他权利和义务中转移或者分离,同时要判断相关经济利益很可能流入企业,且成本能够可靠地计量。

关于数据无形资产的成本核算,对于通过外购取得的数据无形资产达到预定用途所发生的采购与加工过程及其他相关支出均计入成本,若相关支出不符合无形资产会计准则规定的无形资产定义和确认条件的,应当根据用途计入当期损益。企业利用内部数据或外购数据专门研发无形资产,应将研究阶段的支出计入当期损益,将满足无形资产确认条件的开发阶段支出予以资本化,从而形成数据无形资产。数据无形资产的后续计量也遵循现有无形资产会计准则进行,主要是合理地进行摊销和期末减值测试,摊销年限的确定要充分考虑数据资产相关联的业务模式、权利限制、更新频率和时效性、有关产品或技术迭代、同类竞品等因素。同样,数据资产进行减值测试时也要考虑各种因素的影响。

2.2.2 数据资产化的路径

数据资产化就是将数据资源转化成数据资产的过程。从最初的原始数据到能够为企业使用的数据资产需要一系列环节,这些相互关联的环节构成数据资产化的路径。数据资产化的路径可以概括为：数据实现"要素化"成为企业的数据资源，经过权属确认、成本归集、合规管理和价值评估等过程确认为资产，进而进入市场流通，最终通过赋能企业生产经营等业务活动，为企业等数据使用主体带来经济效益。

（1）数据资源形成

原始数据需要经过清洗、整理、分析以及可视化处理等程序后，才能够形成企业的数据资源。数据资源可以由多家企业协作完成，也可以由一家企业独自完成。以制造业企业自行开发为例，数据资源形成过程阐述如下。

1）数据采集。制造业企业产品的制造流程普遍由研发设计、物料采购、生产制造、产品销售与产品售后等阶段构成，每个阶段执行过程中都产生并运用大量数据。企业通过传感器、标识等对产品的基础信息、电压电流、材料密度等获取过程数据，同时通过 SCADA（Supervisory Control and Data Acquisition，数据采集与过程控制的专用软件）等控制系统实现对底层设备或分布范围较广的工业现场设备进行监视与数据采集。离散制造企业多采用 RFID（Radio Frequency Identification，即射频识别，通过无线电波自动识别物体）技术采集生产车间中的原材料、设备、产品信息数据。流程生产制造业主要依靠传感器、上位机对生产过程数据进行采集。利用 ETL（Extraction-Transformation-Loading，数据抽取–转换–加载）工具进行分布、异构数据源中有效数据的抽取，随后进行清洗、转换、集成，最后存放在数据仓库或数据集市中，以备后续的联机分析处理与挖掘。

2）数据存储。通过软件采集的数据需要进行科学的存储，以备进行数据分析和应用。当前，一些数据平台能够为企业提供流、批、湖、仓一体化方案，帮助企业完成整个流程的数据管理。当然企业可以自行进行数据的临时存储，可能需要充分考虑存储规模、信息格式、安全性和保密性等问题。

3）数据整理。对已经采集的数据，进行数据的清洗、挑选、加密与可视化处理以及标准化治理，剔除无效数据，对被筛选出的有效数据进行价值发掘，结合应用情景进行数据开发，从而为商业智能分析、知识图谱、边缘计算、智能决策等服务奠定基础。

（2）数据确权

数据确权是数据资产化的关键环节之一，既包括数据权属的划分，也包括数据权利的授予，数据资源只有确认了权属关系，才能进行后续的使用、交易等事项，个人隐私、企业权益和公共安全在数据的使用过程中才能够得以保证。《中华人民共和国民法典》未对数据的民事权益给出具体的细节性规定，这使得数据确权成为一项具有争议性的问题。2022年12月"数据二十条"提出建立保障权益、合规使用的数据产权制度，建立了数据资源持有权、数据加工使用权、数据产品经营权"三权分置"的数据产权制度框架。《暂行规定》要求按照现行会计准则关于资产确认的相关条款确认数据资产。上海数据交易所发布了《数据要素流通标准化白皮书》《全国统一数据资产登记体系建设白皮书》等文件，对数据确权的实践进行了总结，其他一些地方机构也对数据确权相关问题进行了探索，数据确权问题正在逐步得到解决。

数据确权是数据资产化的首要前提。从会计视角来看，在数据进入财务报表前，企业应基于数据来源梳理其完整授权链条，完成数据确权流程。特别是对承载个人信息的数据，应按照个人授权范围依法依规采集、加工、持有、托管和使用数据，不得超越数据主体的授权范围处理数据。企业采购新数据时，应获得数据供应商及数据主体的恰当授权。同时，企业应建立数据权属监督管理机制，日常维护数据的权属变更情况，如企业获取数据授权存在期限，应在数据资产使用寿命估计中予以合理反映和披露。

(3) 数据登记

数据确权之后可以进行数据登记。数据登记制度是数据确权在制度上的保障，目的在于数据的合法性确认，能够向市场主体提供可信的数据权属状态说明。"数据二十条"提出研究数据产权登记新方式，建立健全数据要素登记及披露机制后，多地政府尝试建立数据登记的具体措施，截至2023年6月，《深圳市数据产权登记管理暂行办法》《浙江省数据知识产权登记办法》《北京市数据知识产权登记管理办法（试行）》等相继出台，但对登记的功能定位、登记内容、适用范围等认识有一定差异。随着数据资产化的广泛开展，构建全国一体化的数据产权登记体系、数据资产登记体系将提上日程。

(4) 数据成本归集

数据必须可靠地计量成本，才能成为资产进入企业报表，这是《暂行规定》明确提出的要求。数据成本是指数据确认为资产前发生的能够归属为该数据的所有支出。数据成本既包括数据生产过程中产生的支出，也包括权属确认、中介服务等过程中产生的支出。以企业外购数据为例，数据的购买价款、相关税费、权属鉴定、登记成本以及其他服务费用等均应计算在内。

在归集数据成本时，应明确数据确认为资产的时间点，此时间点之前产生的支出确认为数据成本，数据资产入账后使用过程中产生的支出，应作为运维费用处理，进入企业当期利润表。数据具有伴生性，即企业业务运营成本与数据生产成本往往难以明确区分，如企业信息系统在支撑主营业务的同时也产生相关数据，业务成本与数据产生成本往往难以有效区分，如何进行合理的成本分摊以确保数据资源成本的完整性仍然是一个复杂难解的问题。

随着数据资产化的推进，企业需要设置专门的部门或人员进行数据资产的管理，既包括业务与数据管理的融合，也需要厘清数据资产化过程所占用的企业资源和产生的成本，配套建立统一、合理的数据资源的成本归集与分摊机制，最终促进数据资产化顺利实施。

(5) 数据合规管理

关于数据的生产、交易和使用，政府部门已经出台多项法律法规制度保护数据的安全，因此数据资产化过程中的合规管理也是重要的环节之一。我们可以从数据来源、数据内容、数据加工、数据管理及数据经营五个主要维度建立企业数据合规管理机制，确保数据资源的合法、合规。

1) 数据来源合规：企业获取数据的活动不违反任何法律法规、国家政策和社会公序良俗，不侵犯任何第三方合法权利。常见的不合规行为如自行采集非企业主营业务范畴的相关数据，数据采买时未检查供应商是否拥有数据的合法授权等。

2) 数据内容合规：企业采集或存储数据的内容应真实、合法、合规，不得存储法律法规不允许采集或存储的违法数据。常见的不合规行为如企业私自存储未依法获取授权的国家机密数据、敏感数据、重要数据、商业秘密、个人信息等。

3) 数据加工合规：企业生产加工数据的活动不得违反法律法规，应在合理合法的框架下进行。实践中常见的不合规行为如企业超出个人授权同意的范围加工和使用个人信息。

4) 数据管理合规：数据资产越来越成为企业管理的重要内容，因此企业需要按照法律、法规以及国家标准等要求，健全数据合规管理的相关制度，建立数据合规管理、风险管理等管理流程，对数据资产分类分级管理和监督。

5) 数据经营合规：数商企业或其他企业应依法开展数据经营业务，获得相应资质、行政许可或充分授权，建立完善的内部控制体系，保障数据经营业务不危害国家安全、公共利益以及侵犯个人或其他组织的合法权益。

(6) 数据价值评估

根据会计准则的要求,资产确认条件之一是经济利益很可能流入企业。目前,大量数据具有价值已经成为共识,但数据价值如何计量或评估仍是一个尚未达成共识的问题。从会计学的视角看,数据价值评估包括三个层面的内容:一是初始计量时需要评估数据资产入账价值;二是数据交易时需要评估数据资产交易价值;三是信息披露时需要对数据资产进行减值测试以科学披露相关信息。关于数据资产的计量,后面的章节将会详细阐述,这里对数据资产交易价值做一简单分析。

数据流通的关键是数据交易,其核心问题是数据确权和数据价值评估。在数据资源预期经济利益的可行性分析层面,本书认为企业应结合不同的数据资源分类、业务交互需求和商业应用场景(数据产品和服务)分类,通过建立企业内部数据资产价值评估体系,采用货币化度量业务应用场景价值与数据资源取得成本的方式,开展对数据资源相关经济价值的衡量、数据资源投入产出效益的评价,夯实经济利益的分析基础。企业内部常态化的数据资产业务经济价值评价也将助力企业数据资源价值显化,进一步为实现企业日益频繁的数据产品化、服务化定价提供相应的输入支撑。

作为推动数据资源入表的必不可少的重要环节,数据资产价值评估是保障数据资源价值可靠计量、准确披露的关键手段,也是探讨科学公平地确定不同主体间数据资源收益分配的基础。对数据资产价值进行估值及进一步定价能够充分挖掘数据价值,推动数字经济高质量发展,为推动数据要素市场建设起到积极作用。

数据资产既有无形资产的特征,又有有形资产的特征,所以传统的资产价值评估方法对于数据资产的价值评估并不适用,国内一些学者先后对传统的资产价值评估方法进行了一定的改进,比较常见的有成本法、收益法、市场法三种评估方法。由于数据资产的特殊性,这三种价值评估方法对于数据资产的复杂性、价值不确定性、交易风险分担等问题并不能很好地解决,亟须一种新的数据资产价值评估方法。

2.3 数据资产的概念与特征

2.3.1 数据资产的概念

基于数据的会计属性及数据资产化的阐述,我们可以从会计主体意义上描述数据资产的概念:数据资产是由企业交易或事项形成,由企业拥有或合法持有、使用及经营的,预期能为企业带来经济利益的数据资源。数据资产的出现,在一定程度上拓展了资产的内涵,并且为利益相关者提供更充分的信息。

理解数据资产的概念,仍然可以从数据资产的三个会计属性着手。关系属性方面,数据必须与企业交易或事项相关才能确认为资产;权利属性方面,企业对数据具备所有权、持有权、加工使用权、产品经营权四种权利之一者,可确认为资产;价值属性方面,数据必须能够为企业带来经济利益,创造价值,才能确认为资产。数据资产是数字经济的产物,为会计学科带来了理论与实践的挑战,也为会计学科在数字经济时代的创新发展带来了历史机遇。

2.3.2 数据资产的特征

作为一项能为企业创造价值的资产,数据资产除了具备一般资产的会计属性外,还具有一些不同于传统资产的特征。关于数据本身的特征这里不再赘述，仅从资产的角度予以阐述。

(1) 非实体性

数据资产与无形资产相似，没有物质形态，但一般数据资产需要存储于有形介质，但数据资产的价值只与其自身性质相关，无关于存储介质的类型或容量。数据资产的非实体性意味着数据资产的应用可以不受空间条件限制，企业既可以自己管理数据资产，也可以通过专业的云服务不受物理条件制约进行使用。

(2) 非消耗性

数据资产在使用过程中不会发生物理损耗，即数据资产具有非消耗性，因为数据资产基本不占用实际物理空间。数据资产与固定资产需要进行折旧不同，数据资产的损耗方式与生产经营没有直接关系，主要是技术进步或经营环境的变化所致。当数据资产的技术含量、稀缺性或供求关系等因素变化时，数据资产可能迅速贬值。因此，数据资产的价值评估以及减值测试是必要的。

数据资产的非消耗性表明数据资产在一定条件下可以不受限制地进行交换、转让与使用，如广泛使用的数据库数据。数据资产通过有偿交换、授权许可等方式给予他人使用，数据资产持有人依旧掌握该项数据资产的所有权或持有权，而被授权主体对数据资产的应用又可以产生不同的价值，因此数据资产价值可以通过共享予以放大。

(3) 场景依赖性

数据资产的价值实现不同于传统资产，数据资产高度依赖于同其他资源的结合，主要体现在场景依赖与技术依赖两个方面。一方面，数据资产在不同应用场景下价值不同，这是因为数据资产的价值受数据政策变化、数据服务对象等多种因素影响，这些因素可能经常产生重大变化。另一方面，数据资产的价值取决于数据处理和分析技术的质量，数据资产的价值创造过程紧密依赖于技术层面的网络协同、算力算法或分析技术的支持。

(4) 协同增值

数据资产既可以孤立存在，也可以以数据流的形式长期存在。事实上，孤立数据包在数据应用中的占比逐渐降低，数据的持续更新和扩容成为常态。

随着数据不断更新扩容，数据资产的规模不断扩大，在机器学习等软件支持下，数据资产所蕴含的价值也会逐步增加，甚至是快速增加，但数据资产的成本并不会显著增长，这是传统资产所不具备的特点。同时，多种数据资产的交互或整合，可能产生显著的协同效益。以电商平台与物流平台的位置数据与路况数据为例，电商平台所拥有的消费者数据恰好可以帮助其合作者物流公司建立精准的物流线路，便捷的物流线路又会反过来帮助电商平台节约成本。

拓展资料

补充阅读

延伸讨论

1. 关于数据型存货成本的结转

数据产品是一种较为复杂的产品,《暂行规定》阐明了一般数据产品按照存货会计准则进行核算,但存货成本结转问题需要进一步讨论。普通实体存货随着销售而转让货物的所有权,基于货物的收益和风险也随之转移。但数据型存货具有可复制性和重复使用的特点,有些数据产品可能二次或多次出让使用权,而这些数据是以出售为目的,可能存续期很短,因此按现有存货会计准则可以确认销售收入,但如果按既有准则结转数据产品存货成本,会导致再次出售时无成本结转,也会出现收入与成本的不匹配。

小组讨论

关于上述问题的原因和解决方式,课程小组基于会计学基本原理进行讨论,并在课堂研讨时发言交流。

2. 数据型存货的成本归集问题

数据资产类型复杂多样,有的数据资产可以单独确认,有的数据本身并不能发挥作用,只能与软件、技术等服务紧密结合以资产组形式存在,并在实际应用中创造价值。数据与服务捆绑后的核心和基础仍然是数据,且有相当多的场景是需要持续的数据供给才能形成生产能力。在这种情形下,按照当前会计准则核算的数据产品成本可能是不完备的,需要将资产组合的成本进行合理划分,或者以资产组合为对象进行核算和管理。这种情形在工业设备运维领域较为常见,设备运维数据的积累既可以改进设备的设计与生产,也可以为设备的预防性维护提供数据支持,从而大大节约设备运维成本。

小组讨论

关于数据资产组,课程小组可以讨论,按照成本归集的方式和按照资产组合的方式核算,两种方式各自的优缺点,并在课堂研讨时发言交流。

3. 数据资产的计量偏差问题

2023年11月22日,苏州农商银行成功发放国内首笔依托"上云"数据评估获取的210万元贷款,帮助吴江一家纺织企业实现用"数据"贷款㊀,这说明数据资产可以像有形资产一样作为抵押物进行融资。根据《暂行规定》,数据资产按照实际发生的成本进行核算,但实际上有大量数据资产的价值可能远远超过历史成本,其凝结的不仅包括相关支出的价值,也凝结着大量的知识价值。因此,数据资产的确认可能存在较为显著的计量偏差,但除外购方式外,自行开发的数据无形资产若以评估价值入账,则失去了客观性和稳健性。计量偏差造成的影响,一是基于数据无形资产的收入与成本摊销可能严重不匹配;二是数据无形资产价值低估导致无法充分发挥作为"资本"的作用。

小组讨论

关于数据资产的计量偏差,课程小组进行讨论,计量偏差对企业财务管理及财务报告可能造成哪些影响?数据资产可以选择哪些计量属性以使得计量更为准确?上述讨论结果在课堂研讨时发言交流。

4. 关于数据资产化的原则

小组讨论

课程小组进行讨论,数据资产化的产品观和资本观,体现了会计学的哪些原理或原则,并将研讨结果以课程报告的形式呈现,建议2 000字以上。

延伸讨论参考答案

㊀ 新华日报财经, https://xhrbcj.com/newsDetail?id=039d73b3362316a46e1c76f92c84567e&type=2。

第 3 章
数据资产的确认和计量

导　言

　　2024年1月24日，南京扬子国资投资集团率先完成首批3 000户企业用水脱敏数据资产化入表工作，成为水务行业全国首单数据资产入表案例、全国首批数据资产入表企业之一。数据资产入表就是将符合要求的数据确认为企业资产，在财务报表中体现其真实价值与贡献。随着《暂行规定》的落地，越来越多的企业将通过合法合规的方式确认有价值的数据，将其作为企业资产。

　　具有会计属性的数据可以确认为资产进入会计系统，而数据资产的确认和初始计量是数据资产核算的第一步。关于数据资产的确认，根据现有会计准则可以将资产化的数据确认为数据型存货和数据型无形资产，不需要设置新的一级科目。关于数据资产的计量，可以在现有的五种计量属性中选择，但每种计量属性均存在优缺点，如何科学计量数据资产的价值，需要深入研究。

3.1 数据资产的确认

3.1.1 数据资产的分类

数据资产复杂多样，为了进行科学管理，对数据资产进行合理分类是必要的。从会计学的视角出发，分类应有利于会计工作的顺利进行。我们从数据来源（获取方式）和持有目的（数据用途）两个角度对数据资产进行分类。

（1）按照数据来源分类

数据资产的获取主要分为三种方式：一是企业通过从数据源收集数据，并对其进行加工处理形成的采集型数据资产；二是企业通过外购交易获取的购入型数据资产；三是企业通过投资、捐赠等其他方式取得的数据资产。

采集型数据资产是企业对外部或内部数据进行收集、存储、清洗及必要的加工后获得的数据资产。该资产必须是由企业主导或独立采集的数据，常见于互联网、云计算等前端数据挖掘机构。此类数据存储在企业数据库中，可作为数据产品进行销售，也可在企业的生产经营决策中使用。根据数据源不同，采集型数据资产可进一步分为三类：一是从自身数据源收集处理形成的数据资产（简称内部数据），如企业从日常生产经营活动中收集处理形成的数据；二是从外部公开数据源收集处理形成的不涉及个人信息和公共利益的数据资源（简称外部公开数据），如网约车平台收集处理形成的与路况信息相关的数据;三是从外部非公开数据源收集处理形成的涉及个人信息或公共利益的数据(简称外部非公开数据),如电商平台通过获取授权采集用户信息形成的用户画像数据。

购入型数据资产即将数据作为商品购入的资产,企业在持有期限内对该数据具有加工使用的权利。购入型数据资产主要包括从数据交易平台购买和直接从其他企业或机构购买两种途径。根据是否需要进一步加工处理又可以细分为可供企业直接使用的数据资产和需要进一步整理加工的数据资产。目前,我国数据市场上已出现一些大型数据交易平台,如国泰安、数据堂、优易数据等,这些平台将数据资源明码标价进行销售。2021年国泰安CSMAR数据库作为我国最大的经济研究型数据库,拥有15个系列、115个子库,包含股票、公司、债券、行业、货币市场等2 000多张表,拥有40 000多个字段与将近上万个指标,被超过1 000家高校(如哈佛大学、北京大学等)及研究机构使用。

其他方式取得的数据资产主要包括通过非货币交易、投资、债务重组以及接受捐赠等取得的数据资产。例如,2023年8月30日,青岛华通智能科技研究院有限公司把基于医疗数据开发的数据保险箱(医疗)产品,以作价100万元入股的方式,与青岛北岸控股集团有限责任公司、翼方健数(山东)信息科技有限公司签订组建成立新公司的协议。此次数据资产作价入股,是青岛探索数据价值化的重大突破,是数据要素、技术、资本这三种生产要素的紧密融合,对深入推动数据要素市场化配置、释放数据价值具有重要意义。

(2)按照数据用途分类

根据数据的用途,数据资产可分为自用型数据资产和交易型数据资产。自用型数据资产,即服务于企业自身生产经营决策的数据资产。如制造企业应用工业数据用于优化生产流程,电商企业搜集整理用户数据用于判别消费偏好、实施精准营销等。自用型数据资产可以来源于外部购买，也可以来源于内部采集。数据采购越来越普遍，特别是非数商企业选择性地采购数据以满足经营需求。如英国 TESCO（特易购）是全球利润较大的零售商，这家超级市场从用户行为分析中获得了巨大利益：公司从会员卡的用户购买记录中了解用户是什么"类别"的客人，如素食者、单身、有孩子的家庭等，这种分类数据为特易购带来很大的市场回报，特别是帮助特易购每年节省了 3.5 亿英镑的宣传费用。

交易型数据资产是将数据收集、整理后形成数据产品对外出售，包括商品型数据资产与授权型数据资产。商品型数据资产常作为数据商品，被明码标价销售给用户；授权型数据资产则多用于企业向用户授予访问企业数据库的权利，但并未将数据出售给用户，用户仅仅获得访问、加工或使用数据的权利。

3.1.2 数据资产确认的方式

当前，数据资产确认的依据主要是《暂行规定》，其明确指出企业应当按照现有企业会计准则相关规定，根据数据资源的持有目的、形成方式、业务模式，以及与数据资源有关的经济利益的预期消耗方式等，对数据资源相关交易和事项进行会计确认、计量和报告。《暂行规定》指出，分别依据《企业会计准则第 1 号——存货》和《企业会计准则第 6 号——无形资产》的相关规定将数据资产确认为存货或无形资产。

(1) 自用型数据资产的确认

自用型数据资产，《暂行规定》要求一般按照无形资产予以确认，这与数据资产化的资本观是一致的。根据数据资产的特征分析可知，自用型数据资产符合无形资产会计准则的要求，即自用型数据资产属于企业内部不具有实物形态的非货币性资产，实践表明数据资产也可以从企业资产中分离出来，且数据资产的价值受到大量因素的影响，其为企业带来的经济利益流入具有较大的不确定性。

在实际工作中，对于符合无形资产定义的自用型数据资产，应当在符合以下五项条件时确认为无形资产，并在"无形资产"一级科目下增设二级科目"无形资产——数据资源"，三级科目可根据企业实际情况予以设置：

1）该数据资源是由过去的购买、生产、建设行为或者其他交易事项形成的。

2）该数据资源是由企业拥有、合法持有或具有加工使用权、数据经营权的。

3）该数据资源是可辨认的，即能够从企业中分离或者划分出来，并能单独或者与相关合同、资产或负债一起，用于出售、转移、授予许可、租赁或者交换，或者源自合同性权利或其他法定权利，无论这些权利是否可以从企业或其他权利和义务中转移或者分离。

4）与该数据资源有关的经济利益很可能流入企业。

5）该数据资源的成本或价值能够可靠地计量。

自用型数据资产既包括企业"内部"使用的数据资源，也包括企业将数据资产用于"对外"提供服务以获取收益，如数据的授权使用等。某电网企业在运营中，积累形成企业用户用电量数据库，并在数据使用过程中研发出了用电数据分析工具，其功能是通过季节、时间段、地理区域等维度的用电历史分析，形成未来用电趋势预测结果。该数据库和分析工具可以用于某电网企业配网调度等自身经营管理以提高效益，也可以为其他企业或机构授权使用，帮助其他企业改善经营管理。根据《暂行规定》，用户用电量数据符合无形资产定义和确认条件，可作为"无形资产——数据资源"予以确认。

需要注意的是，对于企业内部自行研发的数据，应当在达到预定可使用状态时确认为"无形资产——数据资源"，数据资源达到预订可使用状态需要同时符合以下五个条件：

1）完成该数据资源以使其能够在技术上具有可行性。数据资源实现资产化需要经过数据采集、整理、聚合、分析等环节，判断数据资源在技术上是否具有可行性，应当以目前阶段的成果为基础，并提供相关证据和资料，确保数据资产化的技术条件已经具备，不存在技术上的障碍或其他不确定性。

2）具有完成该数据资源并使用的意图。企业应清楚地阐明开发数据资源的目的是应用于企业生产经营活动还是进行对外出售交易。

3）数据资源产生经济利益的方式。企业应对运用该数据资源生产产品或提供服务等情况进行可靠预计，或者证明市场上存在对该数据资源的需求，从而判断数据资源能否为企业带来经济利益。

4）数据资源预计可以有效完成开发。企业有足够的技术、财务资源和其他资源支持，以完成该数据资源的开发，并有能力使用该数据资源。

5）归属于该数据资源开发阶段的支出能够可靠地计量。企业对研究开发的支出应当单独核算，如数据的清洗整理成本，直接发生的研发人员工资、材料费等。如某制造企业在生产重型设备过程中收集了一系列生产数据并做了初步清洗整理，但由于当时内部数据治理基础薄弱，未能对该数据的清洗及整理成本等进行可靠计量，而是计入当期损益或计入相关产品成本。对于这部分数据，由于不符合"该资源的成本能够可靠地计量"的确认条件，该企业不能将其作为数据资产予以确认。

（2）交易型数据资产的确认

交易型数据资产，《暂行规定》要求一般按照存货予以确认，这与数据资产化的产品观是一致的。依据现行会计准则，存货是指企业在日常活动中持有以备出售的产成品或商品、处在生产过程中的在产品、在生产过程或提供劳务过程中耗用的材料和物料等,交易型数据资产以出售为最终目的,大多数数商企业从事的业务均是以交易型数据为载体,本质上是一种"信息产品"。

在实际工作中,对于符合存货定义的自用型数据资产,应当在符合下列条件时确认为存货,并在"存货"一级科目下增设二级科目"存货——数据资源",三级科目可根据企业实际情况予以设置:

1) 该数据资源是由过去的购买、生产、建设行为或者其他交易事项形成的。

2) 该数据资源是由企业拥有、合法持有或具有加工使用权、数据经营权的。

3) 与该数据资源有关的经济利益很可能流入企业。

4) 该数据资源的成本和价值能够可靠地计量。

5) 该数据资源的最终目的是用于出售。

例如:E公司的主要经营活动是对数据进行采集和清洗、标注等加工后,出售给其他企业。某用户基于正在开发的人工智能裁判与教练系统,向E公司采购篮球运动图像数据分析产品。双方约定:E公司需要在合规前提下,提供达到用户数据质量和数量等标准要求的数据产品,经验收后交付相关数据产品,并收取合同对价;交付数据产品后,E公司应当完全销毁采集和处理过程中的相关原始数据和衍生数据,不得将其转让、授权其他方使用;除非监管部门管理需要,不得向其他方提供该数据产品的原始数据来源、规模、质量等信息,否则需要承担违约责任。E公司持有相关数据资源的最终目的是对外出售,且属于企业的日常活动,对符合存货定义的上述数据,作为"存货——数据资源"予以确认。

3.2 数据资产的计量

数据资产予以确认之后，必须能够进行计量才能进入会计系统，并且在财务报表中予以披露。数据资产是数字经济环境下出现的新生事物，其会计计量需要不断进行理论探索和反复实践，从而能够为数据资产选择或设计合理的计量属性。

3.2.1 会计计量属性概述

现行《企业会计准则——基本准则》提供了五种计量属性，分别为历史成本、重置成本、可变现净值、现值、公允价值，这些计量属性应用场景不同，每种计量属性均存在一定的优点和不足，分别阐述如下。

（1）历史成本

历史成本又称原始成本或实际成本，是指会计要素入账时以经济业务发生的实际成本为标准进行计量。应用历史成本计量属性，资产入账时按照其取得时支付的现金或现金等价物，或按照取得资产时所付出的对价的公允价值计量；负债按照其承担现时义务而实际收到的款项或者资产的金额，或者承担现时义务的合同金额，或者按照日常活动中为偿还负债预期需要支付的现金或现金等价物的金额计量。

历史成本是会计的基本计量属性，具有可靠性和客观性的优点，不会受到相关人员主观意志的影响，而是以业务发生时的相关原始凭证为依据，是对经济业务客观真实的反映。同时，历史成本的获取相对容易，操作简便，一般不需要付出额外的成本。按照历史成本入账之后，该成本一般情况下保持不变，不会因为外界环境发生变化而需要重新计量。

历史成本计量属性也存在一定的缺点，特别是在后续计量中的缺陷比较显著。首先，历史成本无法反馈资产的真实价值，外部环境是不断变化的，会计要素的历史成本不会依据外界环境的变化而变化，导致无法反映会计要素特别是资产的实际价值。其次，在历史成本的计量模式下，企业收入和费用的配比缺乏逻辑统一性，即费用以历史成本计量，而收入却以现行价格计量，这种经营损益无法反映资产的持有损益。

综上所述，在外部环境变化明显时，历史成本计量属性导致会计信息相关性变差，从而削弱了财务报告信息披露的质量。

（2）重置成本

重置成本又称现行成本，应用重置成本计量属性时，资产按照企业现在购买相同或者相似资产所需支付的现金或者现金等价物的金额计量，负债按照企业现在重新承接相同的债务所能收到的现金和现金等价物的金额计量。

重置成本能够对企业资产的当前价值进行精确反映，特别是当物价波动明显时，重置成本的实用性会大大提高。如果企业需要持续不断地获取某项资产，这种资产当下的获取代价就是资产的重置成本，在这种情况下，重置成本的获取难度也会大大降低。重置成本强调资产的持有损益，企业收入和费用的配比逻辑统一，有利于科学衡量企业收益。以重置成本与现行收入相配比，可以将资产持有损益与营业损益区分开来，以资产现行重置成本计量的总资产，比按照不同时期历史成本计量的总资产更能精确地反映企业财务状况。

重置成本的主要缺陷是缺乏客观性。资产重置成本在很多情况下无法获取，特别是受技术更新或使用磨损影响较大的固定资产，很难取得完全相同的采购条件。确定重置成本时，如果在市场上很难找到相同或者相似的资产，这些资产的重置成本只能依靠估计，重置成本不可避免地受到主观认识的影响。

(3) 可变现净值

可变现净值一般适用于像存货这样的流动资产计量。应用可变现净值计量属性时，资产按照其正常对外销售所能收到现金或者现金等价物的金额扣减该资产至完工时估计将要发生的成本、估计的销售费用以及相关税费后的金额计量。

可变现净值能够反映外部环境变化的影响，对资产未来的实现价值进行较为准确的计量，符合会计的稳健性，并且可以为企业制定经营决策提供有效支持。但可变现净值一般仅适用于将要销售的资产，适用面较小，特定条件下应用可变现净值计量属性也有违背持续经营假设的质疑。

(4) 现值

现值也称折现值、贴现值，是指对资产未来现金流量以恰当的折现率折现后的价值。应用现值计量属性时，资产按照预计从其持续使用和最终处置中所产生的未来净现金流入量的折现金额计量，负债按照预计期限内需要偿还的未来净现金流出量的折现金额计量。

现值计量属性考虑了资金的时间价值，可以为各项财务决策的制定提供科学合理的参考，特别是在高通货膨胀环境下或企业面临较大风险时，以现值计量可以为企业尽可能地减少损失。但现值的计量缺乏客观依据，无论未来现金流量的确定还是折现率的选择，在很大程度上依赖于专业人员的职业判断，可靠性较低。

(5) 公允价值

公允价值一般适用于金融资产交易中会计要素的计量，后来扩展到投资性房地产以及企业并购活动中部分资产的计量。公允价值是指市场参与者在计量日发生的有序交易中，出售一项资产所能收到的金额或者转移一项负债所需支付的价格（即脱手价格）。

公允价值在理论上更加符合资产计量的本质要求，采用公允价值计量属性时，资产的价格是买卖双方在友好协商、充分交流沟通后所确定的交易价格，这个价格具有公平合理性，并且公允价值能够及时地反映企业各项资产和负债价值的变化，使财务报告信息的相关性更强。然而公允价值的缺点也比较显著，首先市场交易价格受多种因素影响始终处于持续变动中，这导致公允价值可靠性降低；其次，公允价值计量的适用面较窄，可操作性较差，在实际操作中，非金融资产的公允价值只能进行粗略评估，难以进行可靠评估。

3.2.2　数据资产计量属性的选择

关于数据资产的计量属性，《暂行规定》要求按照现有的会计准则进行选择。现有的五种计量属性是在会计实践中不断适应环境变化提出来的，各种计量属性存在自己的优缺点。对于数据资产的会计计量属性，应结合数据资产的特征、会计信息质量要求、实际可操作性等方面综合考虑。

（1）自用型数据资产的计量

《暂行规定》提出自用型数据资产按照无形资产会计准则采用历史成本进行计量。在初始计量中，历史成本具有先天优势。以外购数据资产为例，市场中流通的数据均经过了数商企业等组织的采集、加工、认证等环节，这些环节都需要投入成本，以交易价格作为历史成本入账，能够体现公允性、客观性和准确性。如果企业自行开发相关数据，在数据采集、数据清洗等一系列数据资产形成环节需要投入大量人力、物力、财力，以历史成本入账也能发挥历史成本计量属性的优势。企业自行开发数据资产时，应当区分研究阶段支出与开发阶段支出。研究阶段的支出，应当于发生时计入当期损益。开发阶段的支出，满足无形资产确认条件的，可以确认为无形资产。

自用型数据以长期资产入账，目的是在企业长期生产经营中发挥作用，创造价值。因此，从信息相关性角度看，数据型无形资产的实际价值与历史成本之间的差异决定了数据资产信息的相关性程度。外购的自用型数据资产，交易双方对数据资产的价值认知达成一致，与该数据资产生产过程中的历史成本并不必然相关，因此外购数据资产以交易价格计量较为准确。自行开发的数据资产，应用历史成本计量可能导致账面价值与实际价值存在较显著差异，降低会计信息质量。关于这类数据资产的计量，有学者建议采用现值计量方式，即合理预计该项数据资产未来带来的现金净流量，然后进行折现作为入账价值，但现值计量不可避免地存在其先天缺陷。如果企业拥有较为成熟的数据资产应用模式，可以较为准确地评估数据资产的预期经济利益流入，采用现值方式进行初始计量能够较为科学地反映自用型数据资产的价值。

（2）交易型数据资产的计量

交易型数据资产的持有目的是尽快将生产完成的数据产品出售并交付给其他市场主体。《暂行规定》提出交易型数据资产按照存货会计准则采用历史成本进行计量。事实上，交易型数据资产（即确认为存货的数据资产）的初始计量采用历史成本是比较恰当的，如果该数据资产当期出售，则销售收入与成本之间的差额恰当反映了该数商企业或其他企业的数商业务的盈利能力。

如果确认为存货的数据资产当期未能销售，则需要在财务报告日进行后续计量。受到时效性、协同性、技术进步等多种因素影响，数据资产的价值既可能出现价值提升，也可能出现价值急速贬损，因此交易型数据资产的价格可能强烈波动。同时，随着国家对数据流通的高度重视、各行业对数据资产的需求越来越高以及数据交易市场的长期试点，交易型数据资产逐渐具备了以公允价值进行计量的基础条件。如果存在公开活跃的交易市场，且企业能够从交易市场上获得同类或相似数据资产的市场价格及其他公开信息，则企业就可以对交易型数据资产的公允价值做出合理估计，并在会计系统中进行反映。不具备公允价值计量条件的情况下，应对确认为存货的数据资产按照成本与可变现净值孰低方式计量，存在减值迹象的，应评估后确认减值。

3.2.3 数据资产相关科目设置

根据《暂行规定》，当前数据资产入表不需要增设一级会计科目，二级科目的增加涉及多个一级科目，除研发支出外，绝大部分三级科目可以根据企业自身的具体情况进行设置，这里不再赘述。

数据生产阶段的科目主要围绕生产流程进行设置，企业可以根据实际需要设置二级科目，见表3-1。

表3-1 生产阶段的数据资产主要科目设置

科目类型	科目设置	科目介绍
生产阶段的二级科目	原材料——数据资源	企业取得的用于数据加工处理的原始数据或其他数据
	库存商品——数据资源	企业持有的预计对外出售的数据资产
	无形资产——数据资源	企业使用的归类为无形资产的数据资产
	生产成本——数据资源	企业归集的直接用于生产数据存货产品的支出
	制造费用——数据资源	企业归集的需要在多品种数据存货产品之间进行分摊的支出
生产阶段的三级科目	研发支出——费用化支出——数据资源	企业归集的不能资本化的数据资产研发支出
	研发支出——资本化支出——数据资源	企业归集的可资本化的数据资产研发支出

生产阶段结束后,数据资产进入运维管理与市场流通阶段,这一阶段应如何设置二级科目,虽然《暂行规定》没有具体说明,但可以根据会计学相关理论,设置以下二级科目,见表3-2。

表3-2 运维管理与市场流通阶段的数据资产主要科目设置

科目类型	科目设置	科目介绍
运维管理与市场流通阶段的二级科目	管理费用——数据资源	用于核算企业发生的数据资产运营维护、权属签证、资产评估等方面的支出
	销售费用——数据资源	用于核算企业发生的数据资产销售过程中发生的登记结算、广告营销、保险费等支出
	累计摊销——无形资产——数据资源	企业采用适当摊销方法对企业数据资产定期计提的摊销额
	无形资产减值准备——数据资源	进行减值测试后,根据可收回金额与无形资产——数据资源账面价值孰低的结果判断是否计提减值准备
	存货跌价准备——数据资源	通过比较数据资源存货的账面余额和可变现净值确认是否计提跌价准备

3.2.4 数据资产的初始计量

(1) 数据型存货的初始计量

《暂行规定》提出,企业通过外购方式取得确认为存货的数据资产,其采购成本包括购买价款、相关税费、保险费,以及数据权属鉴证、质量评估、登记结算、安全管理等所发生的其他可归属于存货采购成本的费用。企业通过自行加工取得确认为存货的数据资产,其成本包括采购成本,数据采集、脱敏、清洗、标注、整合、分析、可视化等加工成本和使存货达到目前场所和状态所发生的其他支出。

例3-1:某企业购入一项数据资产,持有目的为对外出售,双方协商确认的不含增值税的价值为60 000元,增值税为3 600元,以银行存款支付。根据以上资料,编制会计分录如下:

借：库存商品——数据资源	60 000	
应交税费——应交增值税（进项税额）	3 600	
贷：银行存款		63 600

例 3-2：某企业购买获得某项数据资产后，进一步加工后对外出售。数据资产原始采购成本为 30 000 元，进一步加工过程中付出后续材料 10 000 元，人工成本 5 000 元，制造费用分摊为 3 000 元。根据以上资料，编制会计分录如下：

购买数据资产时：

借：原材料——数据资源	30 000	
贷：银行存款		30 000

进一步加工时：

借：生产成本——数据资源	48 000	
贷：原材料——数据资源		40 000
应付职工薪酬		5 000
制造费用		3 000

生产完成后：

借：库存商品——数据资源	48 000	
贷：生产成本——数据资源		48 000

（2）数据型无形资产的初始计量

《暂行规定》提出，企业通过外购方式取得确认为无形资产的数据资产，其成本包括购买价款、相关税费，直接归属于使该项无形资产达到预定用途所发生的数据脱敏、清洗、标注、整合、分析、可视化等加工过程所发生的有关支出，以及数据权属鉴证、质量评估、登记结算、安全管理等费用。企业通过外购方式取得数据采集、脱敏、清洗、标注、整合、分析、可视化等服务所发生的有关支出，不符合无形资产准则规定的无形资产定义和确认条件的，应当根据用途计入当期损益。

企业自行开发数据资产的情况稍稍复杂。虽然数据型无形资产形成后产生的总价值可能会很高，但企业收集的原始数据的价值密度普遍较低，在数据型无形资产的形成过程中，采集的数据最终能否形成无形资产具有较大的不确定性。同时，所要开发的数据型无形资产的收益也存在不确定性，其能否为企业带来经济利益流入是未知的。根据会计稳健性要求，可以将自行开发数据型无形资产的研发费用区分为研究费用及开发费用，研究阶段的支出于发生时计入当期损益，开发阶段的支出需要满足无形资产确认条件才能进行资本化计入数据型无形资产的成本。上述费用中不能进行区分的部分进行费用化处理，计入当期损益。

例 3-3：某企业购入一项数据资产，供企业内部运营使用，双方协商确认的不含增值税的价值为 60 000 元，增值税为 3 600 元，以银行存款支付。根据以上资料，编制会计分录如下：

借：无形资产——数据资源　　　　　　　　　　　60 000
　　应交税费——应交增值税（进项税额）　　　　 3 600
　　贷：银行存款　　　　　　　　　　　　　　　63 600

例 3-4：某企业自行开发数据资产，研究和开发阶段发生的应予以费用化的支出10 000元，开发阶段发生的符合资本化条件的支出30 000元；开发成功后支付注册登记费1 000元，均以银行存款支付。根据以上资料，编制会计分录如下：

数据资产各阶段发生支出：

借：研发支出——费用化支出——数据资源　　　10 000
　　研发支出——资本化支出——数据资源　　　 30 000

　　　　贷：银行存款　　　　　　　　　　　　　　40 000

期末结算费用化支出：

借：研发费用　　　　　　　　　　　　　　　　10 000

　　　　贷：研发支出——费用化支出　　　　　　10 000

登记注册后：

借：无形资产——数据资源　　　　　　　　　　31 000

　　　　贷：银行存款　　　　　　　　　　　　　 1 000

　　　　　　研发支出——资本化支出——数据资源　30 000

拓展资料

补充阅读

延伸讨论

1. 数据资产会计科目的设置问题

随着数据资产规模的不断扩大,在价值创造活动中的重要性进一步提升,数据资产是否需要单独设置会计科目和单独进行信息披露值得探索。

小组讨论

课程小组根据会计学原理讨论,如果单独设置数据资产一级会计科目,应怎样设置二级科目并进行各类数据资产的核算。进一步,深入研讨单独设置会计科目与分别在存货和无形资产科目中确认数据资产各自的优缺点。

2. 数据资产计量偏差问题的进一步讨论

小组讨论

课程小组在上一章对数据资产计量偏差问题讨论的基础上,结合本章对数据资产计量属性的选择以及对不同数据资产进行计量的研究内容,深入讨论数据资产计量偏差的形成原因以及对管理决策、财务报告造成的影响。要求课程小组形成课程报告,建议 3 000 字以上。

延伸讨论参考答案

第 4 章
数据资产的成本

导 言

　　数据无处不在，但获取、处理并将数据资产化是一项复杂的工作，需要投入大量的人力物力资源，这些投入该怎样反映在会计系统中呢？数据资产种类繁多，特征显著，了解和管理不同类型数据资产的成本对于数据资产正确入表非常重要，其中的关键问题是如何将各种支出在对象化归集和期间费用之间权衡。

　　数据资产的成本结构与其生命周期之间存在着紧密联系，我们从了解数据资产各个生命周期阶段出发，分析数据资产在不同阶段发生的成本支出内容，主要阐述外购和自行开发数据资产两种模式下数据资产成本的核算，深入理解数据资产各项支出费用化和资本化的处理原则。

4.1 数据资产的生命周期

数据资产从产生到消亡存在生命周期，研究数据资产的生命周期，对于认识数据资产和管理数据资产具有基础性作用。关于数据资产的生命周期，可以从技术、管理等多个角度进行划分。从会计学的视角，可以依据数据资产的成本凝结和价值释放划分生命周期阶段。

4.1.1 数据资产的规划阶段

任何被人们使用的数据，都是有目的地进行管理的，数据在正式采集之前的阶段是数据资产规划阶段。数据主体根据管理或业务需求，对将要产生的数据进行多维度规划设计，减少试错之路，以便更经济、更高效、更有针对性地获得目标数据。数据资产规划属于数据资产管理的前期阶段，由于缺乏具体的归集"对象"，其产生的支出往往进行费用化处理。

数据资产规划不仅仅指战略层面的统筹策划，也包括拟订数据管理的具体执行计划，如对已有数据的盘点、对数据来源的规划、对数据进行治理的计划、对数据合规性的监管计划，甚至要提前制定相应的数据资产管理规范，确保所需要的数据资产能够按照一定的质量标准予以生产，从而满足企业管理需要，最大限度地发挥数据资产作用，创造更多价值。

除了企业自行开发数据外，对于以提供数据服务为主要业务的数商企业而言，以用户需求为中心规划数据的采集与服务就更为重要，帮助用户明确数据需求的数量和质量标准，理解数据业务的流程和成本，对于提供数据产品或数据服务至关重要。

4.1.2 数据资产的生产阶段

数据的生产主要是通过数据采集并进行一系列技术处理，使原始数据能够成为可利用并释放价值的数据，如数据的采集、抽取、标注、清洗、整理、挖掘、分析、运维等。在数据的生产阶段，大量成本被投入，使得数据不断接近应用状态，因此，这一阶段的支出可以按照具体"对象"进行归集。

数据的生产阶段又可以分为数据采集和数据加工两个阶段。数据采集又分为原始数据采集和二次数据采集。原始数据采集是数据发生时直接把数据取出并在某种介质上予以记录，二次数据采集是从其他信息系统获取所需要的数据，这些数据在时间与空间上已与数据发生的实体分离。数据采集相当于数据农场为其他数据主体提供基础原材料。数据采集阶段还可能发生专门的存储和管理成本。

数据加工是数据生产的主体阶段，包括数据的整理、聚合、分析等环节，最终形成可交易流通或可以使用的数据产品。当然，流通的数据产品可以在流通后进行深加工，深加工仍然属于加工阶段。数据的加工相当于数据工厂，为数据的最终使用者提供有用的数据产品。在数据加工阶段，还可能进行数据安全和数据质量管理，特别是用于交易的数据，安全成本和质量成本的支出是必要的。

4.1.3 数据资产的流通阶段

数据流通就是通过合法合规的流程，实现数据在不同主体之间的传递和交换。数据流通是数据充分释放价值以促进经济发展的重要阶段，包括数据的确权、登记、定价、交易、交付、清算等环节。2023年4月国家互联网信息办公室发布的《数字中国发展报告（2022年）》显示，截至2022年年底全国已成立48家数据交易所。

数据流通是数据的市场化过程，是数据农场的数据材料加工成数据产品后通过市场交易最终流入使用者手中的过程。数据市场既需要建设完善的数据基础设施，又需要培育大量数商主体，包括数据产品供应商、数据分析服务商、数据交易服务商等。数据流通也需要建立可信的流通体系，利用多方安全计算、区块链等技术，使供给方能够有效管控数据使用目的、方式、流向，实现数据流通"可用不可见""可控可计量"，保障数据安全，防范泄露风险，实现数据可管可控。数据流通既需要大量数商提供咨询评估、经纪、交付等服务，也需要国家相关部门不断完善交易管理、规则制定、争议仲裁等机制，为数据要素流通创造良好的市场环境。

4.1.4 数据资产的使用与处置阶段

企业自行开发数据资产或者通过数据流通获得数据之后，开始进入数据资产的使用与处置阶段。数据的使用者可以通过降本增效、扩展市场、模式创新等方式创造更多价值。数据的使用阶段主要是数据释放价值的过程，可能仍有部分支出，但成本投入相对较少。数据资产的使用效果还深受数据质量和数据时效性的影响，准确、一致和完整的数据是确保数据资产在经营管理中发挥作用的基础。如果数据存在错误、不一致或缺失，可能导致决策偏差甚至错误，降低数据资产的价值。时效性包括及时性和实时性两方面。及时性确保数据加工后迅速应用，这对于需要使用最新数据进行决策的业务场景非常重要。实时性则要求数据能够及时更新，在一些需要快速响应市场变化的情境下，实时性的数据资产可以有效提升企业竞争力。

数据的使用与应用场景密切相关，当数据不能继续释放价值或价值量变得微小时，数据可以进行处置。数据资产处置可以采取多种方式，包括数据清理、归档、销毁等。选择合适的处置方式取决于数据的性质、安全要求和法规合规性要求。因处置阶段内容简单，后文不做赘述。

4.2 数据资产成本的内容

数据资产的生命周期内，每个阶段都会产生投入，这些投入可以根据会计准则的要求进行定向归集或予以费用化。一般而言，数据资产的规划阶段产生的支出可以进行费用化，而数据采集开始之后的支出，因成本归集对象已明确，应作为数据资产的成本进行核算。

4.2.1 数据资产的获取成本

数据资产的获取成本是指用于获取数据的一系列投入，包括数据采集、数据传输以及外部数据采购的费用。数据资产按取得方式不同分为企业自行开发的数据资产和通过外购取得的数据资产。

（1）自行开发数据资产的获取成本

企业自行开发数据资产的获取成本主要包括数据资产的采集成本和传输成本等。数据采集主要包括内部数据采集、外部数据采集和定制化数据采集三种类型：①内部数据采集主要通过数据采集系统、日志收集系统、基于数据库的采集技术等方式，实现企业内部业务数据的离线采集，如果需要也可以进行实时采集；②外部数据采集主要通过开放 API（Application Programming Interface，应用程序编程接口）、爬虫技术、传感器应用等方式，实现环境数据、行业数据等外部数据的收集；③定制化数据采集主要通过第三方数据采集服务商，为企业定制化需求提供数据采集服务，并形成价值密度较高的数据产品。

数据资产的采集成本主要包括：①购买采集设备，如数据传感器、采集器等专用采集设备和智能设备，如果进行数据的实时采集则需要采购高端设备以保证数据采集的高速度、高可靠性和高扩展性，确保数据能够及时传输和处理；②购买解决方案，如向专业数据服务机构购买数据采集解决方案，这些数据采集解决方案提供商能够帮助企业有效地从不同来源收集数据并整合到数据生态系统中，满足企业定制化数据采集需求；③专门的技术人力资本投入。

数据资产的传输成本是指将采集到的数据从源头传输到目标地点所需的费用，包括数据传输带宽及网络连接费用、云存储费用等。数据传输通常是将数据从采集点传送到数据仓库、云存储或其他处理和分析平台的过程，对于数据采集范围较广的企业而言，传输成本较为显著。

（2）外购数据资产的获取成本

通过外购方式取得的数据资产的获取成本包含多种内容，主要有数据资产的购买价款、相关税费、相关手续费，以及存储设备或存储服务的购买价款等。

数据资产的购买价款是指为获得特定数据资产所支付的费用，可能涉及购买许可证、订阅费用或者获得独立数据集的成本。相关税费是依照税法等法律法规需要负担的税费。相关手续费主要包括采购手续费、数据质量评估费、合规性审查费等。其中，采购手续费如中介费、交易手续费等，取决于交易规模、交易平台的政策以及供应链的复杂程度。

根据数据安全法等相关法律法规的要求，购买数据资产可能需要进行合规性审查，以确保数据的合规性和合法性，因此可能产生一定的合规性审查费用，包括法务咨询费、合规性检测费等，在有些情况下企业可能需要进行数据质量评估，以确保所购数据具备准确性、完整性和一致性，相关的数据质量评估费用可能包括数据采样、检验和测试所需的成本。

数据资产需要依赖硬盘、磁盘阵列、硬盘驱动器、存储服务器等实物载体才能存储、传输或加工，或者交由专业的云服务提供商提供解决方案，因此专门存储设备或专门采购的云服务产生的购买价款和维护成本也应包括在获取成本中。外购数据资产根据持有目的分为用于自用数据资产和对外销售的数据资产，核算方式在下一节阐述。

4.2.2 数据资产的加工成本

原始数据或采购的数据经过加工处理后，才可以服务于生产经营或对外销售。数据加工即对采集、存储的数据进行筛选和处理，包括数据清洗、标注、脱敏、标准化治理等环节。数据加工整理是数据资产化的核心环节，根本目的是提高数据的价值密度和可用性，从而完成数据的资产化。

数据清洗是将残缺、错误、重复的脏数据进行处理，将数据加工为满足质量要求的数据。数据清洗是一项专业性强的工作，也可以委托相关的数商企业完成。数据清洗环节主要产生人力成本和技术工具成本，因为数据清洗通常需要专业的数据分析师或数据工程师来检测和修复数据质量问题。同时，数据清洗可能需要使用数据质量工具、数据清洗软件或脚本来实现自动化清洗过程。

数据标注是对未经处理的语音、图片、文本、视频等初级数据，经过分类、画框、描点、区域、注释等方式进行加工处理，并转换为机器可识别信息的过程。图像标注多应用于车辆车牌、人脸识别、医疗影像、机械影响等领域，语音标注多用于语音输入、语音合成、声纹识别等场景，文本标注多用于新零售、客服、广告营销等行业数据，视频标注多用于智能驾驶、智能安防、智能家居等业务。数据标注需要领域专家或标注员来为数据赋予特定标签或元信息，标注工具或服务平台可能需要采购或租用，这些成本均可作为数据的加工成本。

数据脱敏是对某些敏感信息通过脱敏规则进行数据变形，实现敏感隐私数据的可靠保护，是数据要素安全应用的重要前提。数据脱敏可分为静态数据脱敏和动态数据脱敏。静态数据脱敏是指对完整数据集进行大批量、一次性的整体脱敏，多采用 ETL 技术进行脱敏处理；动态数据脱敏是指对外部申请访问的敏感数据进行实时脱敏处理，多采用中间件技术对外部的访问申请和返回结果进行即时变形转换处理。数据脱敏需要数据保护专家或者法律顾问的支持来确保敏感信息不被泄露，与此同时还需要采用专门的数据脱敏工具或加密技术来实施数据脱敏，这也是数据脱敏成本中重要的组成部分。

数据标准化治理是基于应用需求，基于更高可用性的数据标准与数据模型构建的完整数据系统工程，是数据加工整理环节的最终落脚点，主要目标是创建一种一致的数据结构，以便数据可以更容易地被整合到一个单一的数据源中，或者进行跨数据源的比较和分析。数据标准化与其他环节类似，需要专业的技术人员或专业的数据服务，其人工成本或软件工具等成本均属于数据的加工成本。

4.2.3　数据资产的运维成本

数据资产化后在使用或待售时需要运营维护，数据资产的运维成本就是企业在维护和管理数据资产方面的各类支出和资源投入，这些成本包括数据的存储、备份、迁移以及其他相关支出。

数据完成资产化后，如需专业存储就需要购置相关设备或服务，这就会产生存储成本。企业可以根据数据资产的增长趋势来确定存储方式，如采购专业的云存储解决方案或建设本地数据中心，但无论哪种方式，存储成本可以根据与具体数据资产的关系，决定是否将存储成本分配到数据资产，或者作为其他长期资产（如设备作为固定资产、软件作为无形资产）以及根据会计准则的相关要求作为期间费用处理。

数据备份是确保数据安全性和可恢复性的关键措施，数据备份的成本因备份方式存在差异。局部备份只备份被修改的文件或文件夹，成本较低；增量备份只备份上一次备份后修改或新增的文件，成本稍高；全量备份是备份所有文件，成本最高。数据备份的成本包括硬件和软件的购买和维护，以及人力成本。

数据迁移是将数据从一个存储位置或系统迁移到另一个，其中可能发生数据转换、网络带宽、数据迁移工具等方面的成本以及数据迁移过程中由于停机导致的损失。采购专业的数据转换工具或开发定制的转换脚本均会发生数据转换成本，这是数据进行格式转换、结构调整或清理以适应新系统或存储介质的必要支出。同时，在迁移大量数据或跨网络进行迁移时，企业可能支付较高的网络带宽费用或数据传输费用。数据迁移中系统暂停或限制正常运行也会带来损失或潜在影响，如果显著的话则需要进行成本评估。

数据资产化后还可能发生其他一些维护成本，如数据质量管理、数据安全管理、数据合规管理等，这些维护措施均需要硬件、软件或人力资本的投入。数据资产开发完成后，无论自行开发还是未来进行出售，这些运维成本一般不计入该项数据资产的成本，可以计入当期损益。

4.2.4 数据资产的使用成本

数据资产的使用成本是指在数据资产已经达到预定可使用或可销售的

状态以后所发生的相关支出。从数据资产生命周期看，所有的数据资产最终为企业使用并创造价值，而影响数据资产使用效果的因素主要有应用场景、数据质量以及数据的时效性等。数商企业以提供数据产品或数据服务为业务，往往建设开放的平台和生态，以服务为对象进行核算的数商业务这里不再阐述。

(1) 数商企业

数商企业将所获数据进行加工处理，并将数据资产化，封装成为数据产品。如果数商企业将数据产品按照合同或协议提供给委托方，则该数据资产不再发生使用成本，售后服务费用可计入销售费用或营业费用等期间费用。如果将数据产品发布到大数据交易平台进行销售，或投放到用户专用平台上供用户使用，则这些数据产品需要进行维护管理，其费用的性质主要是开展业务的支持性支出，可以作为销售费用等期间费用处理。

数据资产具有时效性，大量数据资产服务需要更新迭代，数商企业可能需要对已经资产化的数据产品进行更新维护，以满足用户需求。数据产品的迭代属于产品二次开发，相关设备、软件及人力支出计入产品成本（可作为新产品核算）。数据产品的服务升级支出一般作为期间费用处理，因为不仅支出金额较小，而且没有根本改变原有数据产品的功能和性质。根据会计的重要性原则，其他金额较小的支出可以一律作为期间费用进行处理。

(2) 数据资产的最终使用者

数据资产的最终使用者可以分为两类：一类是自行开发数据资产的企业；另一类是外购数据资产的企业。对于企业自行开发数据资产，当项目完成数据资产验收后，成本归集阶段结束，之后的运行维护费用一般作为管理费用处理，只有进行产品迭代或重新开发时，重新设立成本归集对象。

对于外购数据资产的情形，一般情况下数据服务合同应载明数据产品的质量标准和后续服务的内容和方式，但是对于数据资产应用仍然可能需要投入专业人才或软硬件进行改造，如果是专用设备应计入该项数据资产的购置成本，专业人员的薪酬以及能源费用等应计入相关期间费用。

4.3 数据资产成本的核算

关于数据资产的确认和计量，上一章进行了概括性阐述，了解了数据资产的基本核算要求。对于数据资产的成本核算，应按照《暂行规定》的原则指引，遵循会计学基本原理，结合实际业务情况进行专业处理。

4.3.1 外购数据资产的成本核算

企业购入数据的核算，重点关注采购成本是否完备。数据资产的采购成本成分复杂，支出类型多样。数据资产采购时，与数据资产直接相关的购买价款、相关税费计入资产成本，为了使得数据达到加工或使用状态发生的认证、保险、咨询、交易佣金等支出，如果属于该项资产专门支出，则计入资产成本，但如果此类支出属于维持企业整体运营而发生，或不符合无形资产定义和确认条件不能计入无形资产的，则应计入管理费用、财务费用等科目，不得计入数据资产成本。

需要注意的是，下列费用尽管与数据资产直接相关，但应当在发生时确认为当期损益，不计入数据资产的成本：

1）数据加工中非正常消耗的直接材料、直接人工和制造费用，如超定额的废品损失、自然灾害造成的损失等。

2）数据资产加工完成后的存储、维护等费用，不包括在生产过程中为达到下一个生产阶段所必需的存储费用，这部分费用也可以根据重要性原则酌情计入当期损益。

例4-1：某数商企业购入一项数据资产，计划加工为Y服务业通用数据产品后出售。该项数据购买价款为100 000元，增值税为6 000元，向数据交易所支付佣金3 000元。加工过程中，摊销的A电子设备折旧6 000元，以银行存款采购X专用软件工具10 000元（服务期一年），向行业专家咨询该项数据资产的合规性支付咨询费3 000元，技术人员工资薪酬32 000元。数据加工完成后，向有资质的机构申请质量认证和数据登记，产生应付账款3 000元。因该项数据资产备份需要，公司扩容了云服务存储，支付5 000元，但该项云存储可提供公司全部业务使用。

该项数据资产相关业务编制会计分录如下：

购买数据资产时：

借：原材料——数据资源	103 000
应交税费——应交增值税（进项税额）	6 000
贷：应付账款	109 000

数据加工时：

借：无形资产——X专用软件	10 000
贷：银行存款	10 000
借：累计摊销——X专用软件	10 000
贷：无形资产——X专用软件	10 000
借：生产成本——Y数据资源	141 000
贷：原材料——数据资源	103 000
应付职工薪酬	32 000
累计折旧——A电子设备	6 000

生产完工时：

借：制造费用——X 专用软件摊销　　　10 000
　　贷：累计摊销——X 专用软件摊销　　　10 000

借：制造费用——数据认证与登记　　　3 000
　　贷：应付账款　　　3 000

借：生产成本——Y 数据资源　　　13 000
　　贷：制造费用——X 专用软件摊销　　　10 000
　　　　制造费用——数据认证与登记　　　3 000

数据资产验收入库时：

借：库存商品——Y 数据资源　　　154 000
　　贷：生产成本——Y 数据资源　　　154 000

公司采购的云存储扩容服务 5 000 元，并非 Y 数据资产专项使用，故不在 Y 数据资产成本中归集，可以计入公司管理费用。

关于以外购数据方式确认为无形资产的情形，成本核算比较简单，上一章已举例说明，这里不再赘述。如果外购数据须经进一步加工才能确认为无形资产，则加工过程与自行开发数据资产部分阶段的核算相似。

4.3.2　自行开发数据资产的成本核算

企业自行开发数据资产主要是为生产经营服务，自行开发数据资产用于对外销售的情形较为少见，在会计核算上与开发形成无形资产的区别也主要在于开发完成后阶段，本章不再赘述。

企业自行开发数据资产的核算重点是数据采集成本与研究开发成本的归集。随着企业业务数字化转型的深入推进，很多企业建立了与业务系统适应的数据中台，形成了具有企业特色的数据治理体系，这为企业自行开发数据资产奠定了良好的基础。一个数字化较为成熟的企业，通过建设功能强大的数据中台能够实现数据的标准化采集、数据质量管理、数据资产管理与数据应用管理，能够同时对接BI（Business Intelligence，商务智能）系统和会计系统。

企业数据中台往往通过采购专业服务的方式完成建设，其成本费用支出可能已经记入企业固定资产、无形资产或计入管理费用等期间损益账户。因此，企业数据资产的采集成本可能只包含该数据资产的专用支出，从这个意义上讲，数据资产的成本存在低估。同时，企业从繁杂的原始数据中开发数据资产，最终是否能够长期使用并创造价值存在不确定性，因此根据《暂行规定》的要求，必须达到无形资产确认条件才能将数据开发支出计入成本。

例4-2：某半导体集团公司以提供信息交互和智慧端口产品服务为主业，在袋鼠云公司的帮助下建立了较为完善的数据生态系统，形成了功能完备的数据中台，并积累了一定规模的产品数据、供应链数据和营销数据等数据资源。为了更好地实现数据资产赋能智能制造和商业模式创新，公司决定研发在集团内部共享的数据产品，并在内部市场进行流通。

公司首先投资10万元建立了各个工厂的统一数据门户，实现了各个集团公司内部数据的统一采集和存储，能够同时为所有部门提供数据服务。为了提升公司产品的良率，公司决定专门采集各生产线PLC（Programmable Logic Controller，可编程逻辑控制器）系统、DCS（Distributed Control System，分布式控制系统）数据并开发服务于提升某标准化电子器件的数据产品。为此，公司成立了七人项目组，专门进行代号为H的数据资产开发，其中二人（组长和数据分析师各一人）专门投入该项工作，其他五人提供支持服务。

H数据资产开始研发启动后，首先进行了数据产品规划，项目组通过向专家咨询、召开研讨会等方式梳理工作思路，最终选择了一个最优的技术路线，这个过程共发生咨询费1.5万元，差旅费2.2万元，会议费2.8万元。项目组组长邀请高校专家为项目组做了关于提升某电子产品制造流程的讲座，花费1.5万元。在数据清洗阶段，公司投入6万元购买了某专用软件使用权，使用期限三年；每周邀请集团数据工程师专门工作一天，每天报酬1 000元，共计工作五周；为了协调各城市生产工厂对数据采集予以支持，发生差旅费1.75万元。在数据抽取和数据分析阶段，H项目邀请高校专家和行业专家共三人介入项目，专家咨询费用合计9万元。项目组在六个月内，经过对上万个传感器数据的采集和加工，建立了一个该电子标准件产品质量的动态模型，发现了特定环境下影响产品良率的一些关键因子，预计产品良率可以由81%提升到98%。公司给予项目组开发奖励，项目组组长和数据分析师在每月工资1.8万元之外每人获得总共5万元项目奖励，项目支持人员每人获得2万元奖励。

H数据资产在集团内部上线后，为建立数据安全体系支出10 000元；公司专门设置运维人员一名，负责协调该数据资产在各工厂、各部门的应用，以及数据的动态更新，该岗位每月工资1.1万元。

该项数据资产相关业务会计处理如下：

公司支出10万元建立统一数据门户属于公司基础设施建设，不应计入H数据资产成本。

H数据资产规划论证阶段的支出属于研究支出，应进行费用化处理，即专家咨询费、报告费、会议费、差旅费等均计入费用化支出：

借：研发支出——费用化支出——H数据资源　　80 000
　　贷：银行存款、应付账款、其他应付款等　　　80 000

H数据资产进入开发阶段后，要按照无形资产会计准则和相关会计制度确定各项支出归属哪些科目，一般而言，开发阶段的差旅费必须费用化，归属于H数据资产的专项支出可以计入资产成本。下述会计分录中部分分录是开发期内相同业务各月分录的合并分录：

借：无形资产——专用软件　　　　　　　　　　　60 000
　　贷：应付账款　　　　　　　　　　　　　　　　60 000
借：累计摊销——专用软件　　　　　　　　　　　20 000
　　贷：无形资产——专用软件　　　　　　　　　　20 000
借：研发支出——费用化支出——H数据资源　　　17 500
　　贷：其他应付款（或银行存款）　　　　　　　　17 500
借：研发支出——资本化支出——H数据资源　　　531 000
　　贷：银行存款　　　　　　　　　　　　　　　　90 000
　　　　累计摊销——专用软件　　　　　　　　　　20 000
　　　　应付职工薪酬　　　　　　　　　　　　　　421 000

数据资产开发完工后要核算H数据资产的成本，以及期末核算相关的费用化支出：

借：无形资产——H数据资源　　　　　　　　　　531 000
　　贷：研发支出——资本化支出——H数据资源　　531 000
借：管理费用　　　　　　　　　　　　　　　　　97 500
　　贷：研发支出——费用化支出——H数据资源　　97 500

在上述会计处理中，项目组其他成员的工资不计入数据资产成本，但这些成员因该项目获取的奖酬应计算在内。H数据资产完工后进入运营维护阶段，这一阶段的支出一般记入管理费用等期间费用账户。

拓展资料

补充阅读

延伸讨论

1. 关于数据资产的成本归集问题

数据资产类型多样且生产加工流程复杂,与传统研发流程相比,费用化支出与资本化支出的界限并不明显。以数据采集为例,企业数字化设施属于基础设施建设,数据采集往往可以直接使用数据中台的各种软硬件。同时,有些数据资产需要实时更新,这使得数据资产难以存在明确的完工时间。

小组讨论

课程小组就数据资产成本归集进行讨论:自行开发的数据资产是否应该将数据中台的软硬件折旧或摊销计入成本?对于持续更新的数据资产应如何计量其成本?建议上述问题各小组内部讨论后,再进行课堂研讨。

2. 企业自有数据资产与自创商誉的比较分析

企业数字化转型后,数据中心可能积累大量关于生产、营销、供应链、市场行情、产品运行、用户信息等的数据,对这些数据的挖掘应用能够极大地帮助企业提升竞争力并获得额外收益。企业积累的上述种种数据要不要确认为无形资产呢?事实上,企业自创商誉的问题与此类似,即作为一项资产存在,但其在成本计量和可辨认方面存在模糊,基于会计稳健性考虑,该项资产不入表。

小组讨论

课堂小组进行企业自有数据与自创商誉的比较,讨论若确认自有数据为资产会不会虚增企业资产,并将研讨结果以课程报告的形式呈现,建议2 000字以上。

延伸讨论参考答案

第 5 章
数据资产的价值评估

导 言

  数据资产流通并释放价值的关键问题是数据确权和定价，其中数据资产定价的核心是数据资产的价值评估。2023年11月，浙江大数据交易中心联合浙江中企华资产评估有限公司、中国质量认证中心为国网浙江新兴科技有限公司的双碳绿色信用评价数据进行了价值评估，采用了市场法公允价值与成本法相结合的方式，这是全国首个电力行业数据资产市场价值评估案例。

  数据资产的特性和创造价值的方式与传统资产存在显著不同，这是在数据资产价值评估中不能直接照搬已有方法的根本原因。科学评估数据资产价值，需要充分考虑数据资产价值创造的时效性、叠加性等特征，对已有的价值评估方法进行修正和完善，或者依据数据资产的特征发现新的评估方法。

5.1 数据资产的价值创造及其特点

数据成为企业最重要的战略资源之一,这是由于数据能够推动企业创新和帮助增强竞争力,从而为企业创造更多价值。数据具有价值可能已经成为共识,但数据为何能够驱动价值创造需要学术界和管理实践领域的系统研究。

5.1.1 数据资产创造价值的原理

创造价值是人类社会发展的基础,而价值创造活动的必要条件是拥有生产要素。社会生产从农业社会的"二要素"到今天数字经济时代的"五要素",说明生产活动的复杂程度不断增加。数据既是社会生产复杂化的产物,也是能够在数字经济环境下的复杂生产活动中发挥作用的关键要素。

我们从企业视角分析数据创造价值的原理。对于一般的工商企业而言,创造价值最直接的方式就是降本增效,增加收益,提升企业价值,因此数据资产创造价值的原理可以通过分析企业经营管理的改进来认识。根据当前的相关研究和认识,从以下三个方面进行阐述。

(1)改进生产管理

生产企业通过开发数据资产,可以用于改进生产管理,降低产品制造成本,提升生产效率。例如,某汽车制造公司利用预测性维护技术对生产线上的机械设备进行监测和维护，基于实时采集的振动、温度、压力等数据，使用机器学习算法并应用相关专业知识，建立了设备的故障预测模型，在生产中根据监测数据提前预测设备故障并制订预测性维护方案，显著提高了设备利用率和产品质量，降低了维修成本，有效避免了停工损失。

又如，西门子公司成都工厂是全球最先进的电子工厂之一，是西门子在德国之外建立的首家数字化企业。该工厂在正式开工建设之前，利用DT（Digital Twin，数字孪生）技术进行模拟运行达数月之久，在此过程中采集了海量数据，应用相关技术进行数据分析，遵循全球统一的研发、生产和质量标准，对工厂运行的所有细节进行了优化设计，确保了建设完成后生产运行实现效率最优。西门子成都工厂被称为"灯塔中的灯塔"，其工厂设计和运行数据成为一笔价值巨大的资产。

尽管工业生产中产生的数据量巨大，其采集和加工分析成本较高，但这些数据蕴含的价值也是不可低估的，不仅能够为企业自身带来巨大价值，而且可以为其他企业的生产管理所应用，并创造可观的效益。

（2）优化经营决策

企业在经营管理活动中，通过合法合规采集供应链或消费者信息，可以生成用户画像等有价值的数据资产，建立数据驱动的经营决策，从而促进企业商业模式创新，优化供应链管理，降低经营成本，提升企业的竞争力并创造显著效益。

市场环境瞬息万变，利用数据资产可以帮助企业快速形成决策，降低决策成本，提高决策效率，在竞争中赢得"时间差"优势。亚马逊的快速成长离不开对用户数据的挖掘，其将每个用户的所有行为都记录下来，如页面停留时间、用户是否查看评论、每个搜索的关键词、浏览的商品等，对这些数据的分析结果可以生成"用户画像"，这些数据成为所有业务环节都离不开的"数据驱动"力量。与亚马逊一样，几乎所有的互联网企业甚至加工制造企业都将用户数据视为最重要的竞争力之一，企业利用数据优化产品设计、进行个性化推荐和精准营销，不断提升用户忠诚度，构建强大的价值生态系统。

数据不仅为经营管理决策提供支持，还有助于优化供应链乃至产业链的管理决策。乳业巨头蒙牛公司已经投资建设了数据采集系统，能够获取从牧场到零售所有环节的数据，这些数据保证了供应链中每一环节的透明度，能够帮助蒙牛公司在全产业链减碳，通过评估生产和能源之间的匹配实现整体能耗大幅降低，不仅使企业降低成本、提高效率，还为实现环境可持续发展做出贡献。掌握供应链和产业链数据的企业，通过对数据的深入挖掘和洞察，有助于提前发现新的市场机会、产品创新点和行业趋势，成长为行业的创新者和领导者。

（3）强化风险控制

数字经济环境的动态性超过任何以往时代，风险管理成为所有企业必须高度重视的管理活动，对数据资产的充分利用可以有效加强企业风险管理，提升企业绩效，预防企业失败。

数据管理可以提供实时监测和警报系统，帮助企业及时发现风险事件，采取相应的措施进行干预和调整。例如，生产企业通过对生产过程和供应链数据的挖掘应用，可识别出潜在的风险因素，降低产生废品的可能，优化运输路线，提高物流效率和准时交付率。又如，互联网企业可以通过监测网络安全日志和用户行为数据，及时发现潜在的网络攻击和数据泄露风险，采取相应的安全措施，保障企业正常运行。通过对市场数据、竞争数据和消费者数据的分析，企业可以避免盲目决策，制订更具竞争力的战略和营销计划。

5.1.2 数据资产创造价值的特点

对数据资产进行价值评估，不仅要了解数据资产创造价值的原理，而且要深入认识数据资产价值创造的特点，从而为数据资产的价值设计科学的评估方法。

（1）时效性

数据资产价值创造具有时效性，即数据资产创造的价值量与时间之间存在密切关系。一方面，数据资产的生命周期在不断缩短，数据从生成到消耗的时间窗口越来越小，数据的处理过程越来越快，历史数据的贬值速度不断增加。另一方面，数据是时刻更新的，甚至很多数据系统已经呈现秒级和毫秒级的刷新，如高频交易，利用强大的计算机算法以极快速度甚至微秒级别内完成交易，从而从微小的价格波动中获得利润。

数据资产创造价值的时效性也称为动态性，即数据资产创造的价值量处在不断变化之中。认识动态性特征对评估数据资产的价值非常重要，一般情况下，数据资产在应用中存在温—热—冷的变化规律。数据资产在投入使用的最初阶段，存在一个逐渐被认识和应用的过程，称为温数据；随后，数据被使用的频率增加，逐渐达到高峰，此时的数据称为热数据；数据经过使用高峰后，会随着时间流逝逐渐降温，直到最后极少被访问，数据变成冷数据。当然，历史数据也可能在一些特定场景被重新激活，成为热数据。

（2）叠加性

数据资产创造价值的叠加性可以从两个视角予以分析。

▲ 数据资产本身的叠加性。我们已经了解到数据具有可复制性和非消耗性，因此数据资产可以被反复使用或在不同场景下并行使用且不会发生损耗，同一项数据资产创造的价值可以进行叠加。这就意味着在评估数据资产价值时要充分考虑数据资产的使用次数或时间、使用场景等因素，从而评估数据资产的总体价值。

▲ 数据资产与其他资源的叠加效应。数据资产在应用中，与其他数据

资产或其他资源进行交换和整合，可以产生外部效应和溢出效应，从而创造更大价值。数据资产被认为是企业的一种新能源，能够与其他要素融合在一起发挥效应，从而加速数字化、网络化、智能化进程，提升生产效率。例如，财务 RPA（Robotic Process Automation，机器人流程自动化）的使用，有效提升了会计工作的效率，同时提升了企业整体的管理能力。

5.1.3 数据资产价值评估的特征与方式

数据资产创造价值与传统资产存在不同的特征，因此计量数据资产蕴含的价值成为一项重要的工作。在企业会计实践中，数据资产的初始计量、数据资产的市场流通与交易、数据资产的后续计量及信息披露、企业资本运营活动以及数据资产的跨境流通，都需要对数据资产的价值进行评估，因此科学进行数据资产价值评估非常重要。

（1）相关机构的指导意见

中国资产评估协会于 2019 年 12 月 31 日发布了《资产评估专家指引第 9 号——数据资产评估》，财政部于 2023 年 8 月 21 日颁布《企业数据资源相关会计处理暂行规定》，中国资产评估协会于 2023 年 9 月颁布了《数据资产评估指导意见》，这些文件都对数据资产价值评估做了一些统领性说明。

《暂行规定》要求按照现有会计准则对数据资产进行初始计量和后续计量，这意味着数据资产入账时一般按照成本法进行计量，后续计量也基本遵循现有资产计量所使用的方法。《资产评估专家指引第 9 号——数据资产评估》《数据资产评估指导意见》基于数据资产的特征，对核查关注要点、评估作业路径、适用评估方法、报告披露要求给予明确的指引，有利于解决当前数据资产评估业务中存在的一系列重点和难点问题，也为数据资产的广泛流通交易起到重要的推动和保障作用。

（2）数据资产价值评估的难点

数据资产价值的评估存在诸多难点，特别是数据资产进行前置价值评估存在先天缺陷，这是与数据资产本身的特征及数据资产价值创造的特点密切相关的。

▲ 数据资产创造价值的时效性。与传统资产相比，数据资产的时效性非常显著，在评估数据资产在未来应用中创造的价值时存在更大的不确定性，对数据资产价值的变化规律更难以把握。数字经济时代被称为 VUCA（Volatile，Uncertain，Complex，Ambiguous）时代，环境及环境中的个体呈现易变性、不确定性、复杂性、模糊性的特征，影响数据资产价值创造的因素复杂多变，这是数据资产进行事前价值评估的难点所在。

▲ 数据资产创造价值的叠加性。数据资产可复用、可与大量其他资产协同使用（即"数据+"），数据资产的这种叠加效应很难进行精确的事前评估。数据资产的应用场景多样化，一项数据资产应用场景数据数量及每一种场景下创造价值量是可复用数据资产价值评估的难题。对于数据资产的协同使用，《数据资产评估指导意见》认为数据资产作为企业资产组成部分的价值可能有别于作为单项资产的价值，要区分其对企业价值的贡献程度。《数据资产评估指导意见》同时要求，数据资产与其他资产共同发挥作用时，需要采用适当方法区分数据资产和其他资产的贡献，从而能够合理评估数据资产价值。

▲ 数据资产的权利属性较为复杂，数据资产的权利属性对其创造的价值量产生重要影响。当前，数据资产是按照数据持有权、加工使用权和产品经营权"三权分置"的方式建构产权体系的，每种权利对数据资产价值的要求存在差异。在价值评估中，数据主体对数据资产的权利要进行明确界定，对其合规性要充分论证，这增加了数据资产价值评估的复杂性和不确定性。

综上所述，科学评估数据资产的价值，需要关注数据资产的技术特征、经济属性、法律权限、适用场景等影响因素，因此《数据资产评估指导意见》要求评估时要充分考虑数据资产的质量，并采取恰当方式执行数据质量评价程序或者获得数据质量的评价结果，必要时可以利用第三方专业机构出具的数据质量评价专业报告或者其他形式的数据质量评价专业意见。

（3）数据资产价值评估的方式

数据资产的价值评估可以根据评估的需要和评估时间分为前置评估、动态评估和后置评估。

前置评估是在数据资产交易或使用之前进行的价值评估。当前，数据资产入表时的会计计量、数据资产交易前的定价等都属于数据资产的前置评估。事实上，数据资产评估的核心是价值评估，因此数据资产价值的前置评估也是资产评估的重要工作。数据资产的前置评估既是当前数据资产管理实践的重要工作，也是学术界研究和探讨的前沿热点问题。

动态评估是将数据资产使用过程纳入考虑因素进行的价值评估。从会计视角看，数据资产的后续计量特别是数据型无形资产的减值测试属于动态评估，但我国会计准则要求长期资产不允许调增价值，因此目前账面数据资产的动态评估是单向进行的。以数据资产交易为目的的前置评估，能够为交易双方提供定价的基础，但这种价值评估的缺点不仅在于评估价值不准确，而且交易风险将由交易一方单独承担，因为交易结束意味着数据资产的风险与权利转移，为了克服上述缺点，可以进行数据资产的动态评估，即将数据资产的使用过程纳入评估，交易双方共担风险，共享价值。基于动态价值评估设计数据资产的交易机制，能够激励数据资产持有者进行数据资产交易，促进数据资产流通。

后置评估是数据资产使用完成或基本完成时，对数据资产创造的价值进行评估。随着数据资产在生产经营和管理中的广泛应用，未来对项目或企业进行绩效评估时，可能需要将数据资产的贡献分离出来，以评价数据资产实际创造的价值，这里不予详细阐述。

5.2 数据资产价值评估的基本方法

数据资产在数字经济时代的重要性已不言而喻，科学评估数据资产的价值成为促进数据资产流通、发挥数据资产作用、释放数据资产价值的关键因素之一。由于数据资产是新生事物，因此数据资产价值评估方法尚在研究和探索之中，目前还没有形成权威性结论。在数据资产的前置评估中，常用的成本法、收益法和市场法均是经过多年检验、具有较高成熟度和可靠性的评估方法，我们首先对这些方法予以分析。

5.2.1 数据资产价值评估的成本法

数据资产价值评估的成本法主要是指通过加总数据生产过程中的各项成本来测度数据资产的价值。现有会计准则也是以成本法计量无形资产的入账价值。尽管无形资产的成本和价值之间具有弱对应性，且其成本可能不完整，但长期以来，成本法在无形资产测度及经济增长影响的宏观经济分析研究中应用广泛，已成为无形资产价值测度的经典方法。

（1）成本法的基础方法

根据《数据资产评估指导意见》，数据资产价值评估成本法的依据是，数据资产的价值取决于生产数据资产所发生的必要成本。在使用成本法评估数据资产价值时，必须依据与企业数据资产相关的历史资料并结合企业现行发展状况估算当前企业数据资产需要的成本来确定数据资产的重置成本，之后结合历史资料和外部环境以及技术等的发展状况估算贬值因素，从重置成本中扣除这些贬值因素即可得到数据资产价值。基本公式为

$$评估值 = 重置成本 \times (1 - 贬值率)$$

或者

$$评估值 = 重置成本 - 功能性贬值 - 经济性贬值$$

式中，重置成本是指根据目前的市场状况，为获得同一数据资产而需要支付的现金或现金等价物。数据资产成本的具体内容可以参照第 4 章 "数据资产的成本"的介绍。应用成本法评估时，实物资产的贬值因素主要分为经济性贬值、实体性贬值和功能性贬值，因为数据资产具有无消耗性且没有实体形态，所以其贬值因素不用考虑实体性贬值，只需要考虑经济性贬值和功能性贬值即可。

在评估中，数据资产重置成本的确认并不容易。一是严格的数据资产重置成本很难评估，这是因为相同或相似的数据资产一般不会重复开发；二是根据数据资产的账面历史成本估算重置成本时，因企业根据稳健性原则往往低估数据资产的账面成本，需要对成本内容进行调整（如规划成本、间接成本或运维成本等可能并未计入数据资产成本），这种调整存在一定的主观性；三是数据资产的贬值评估也缺乏较为客观的参照物。

基本成本法简单易行，但作为交易价格的参考时，仅仅以历史成本或重置成本确认数据资产价值是不合理的。

（2）改进的成本法

数据资产的价值影响因素多样化，成本只是其中之一，在评估价值时可以将更多影响因素考虑进来，如数据资产预期使用中的溢价以及适合的投资回报。《资产评估专家指引第 9 号——数据资产评估》提供了一种修正的数据资产价值评估成本法模型：

$$评估值 = 数据资产总成本 \times (1 + 投资回报率) \times 数据效用$$

式中，数据资产总成本表示数据资产从产生到评估基准日所发生的总成本，主要包括获取成本、加工成本、运维成本和使用成本等。投资回报率主要是该数据资产成本投入期望的或市场平均的投资回报率。数据效用则是影响数据价值的其他因素的综合系数，在一定程度上可以修正数据资产成本投资回报率，具体数据资产的评估中，数据效用系数可能存在较大差异。

无论基本的成本法还是修正的成本法，均以数据资产的成本为基础，无法有效克服数据资产的价值与成本之间的弱对应性，即两者的相关性较差，因此，成本法在企业数据资产价值评估中难以单独使用，其参考价值也有限。

5.2.2　数据资产价值评估的收益法

收益法是将评估对象未来时期的净收益予以折现获取评估价值的方法，也是常用的评估方法之一。如果数据资产的应用场景和使用过程比较清晰，则收益法能够较好地反映数据资产当前的实际价值。

《数据资产评估指导意见》提出，采用收益法评估数据资产，在估算数据资产带来的预期收益时，应根据情况选择恰当的预测方法，同时需要区分数据资产和其他资产所获得的收益，分析与之有关的预期变动、收益期限、成本费用、配套资产、现金流量、风险因素等，恰当确定数据资产在收益期限内的贡献；在对未来收益进行折现时，需要综合考虑数据资产应用过程中的管理风险、流通风险、数据安全风险、监管风险等因素，确定恰当的折现率；在确定数据资产未来收益期间时，需要考虑法律有效期限、相关合同有效期限、数据资产更新时间、数据资产的时效性、数据资产的权利状况以及相关产品生命周期等因素。

数据资产价值评估的收益法使用的基本计算公式为

$$P = \sum_{t=1}^{n} \frac{F_t}{(1+i)^t}$$

式中，P 为评估值；F_t 为数据资产未来第 t 个收益期的收益额；n 为数据资产的剩余经济寿命期；t 表示年份；i 为合理确定的折现率。

应用收益法对数据资产的价值进行评估，关键环节是确定未来收益。主要有四种方法来评估数据资产未来产生的收益，即直接收益预测、分成收益预测、超额收益预测和增量收益预测。当数据资产有独立的应用场景时，可以考虑采用直接收益预测，如对外出售数据许可权的数据资产。当数据与其他资产共同创造价值时，如软件开发服务、数据平台对接服务、数据分析服务等场景下，可以考虑采用分成收益预测，通过评估数据资产在价值创造活动中的贡献来确定分成率。

数据资产的超额收益预测是将归属于被评估数据资产所创造的超额收益作为该项数据资产预期收益，即在整体收益中扣除其他相关资产的贡献，将剩余收益确定为超额收益。如果以资产组形式参与价值创造活动，且数据资产的贡献占主要地位，此时分成率难以有效确认。具体而言，可以考虑先评估资产组的整体收益，剔除非正常项目的收益和费用，扣除被评估数据资产以外的其他资产的贡献，得到超额收益。

数据资产的增量收益预测是基于未来增量收益预测数据资产的未来收益。增量收益需要与不具有该项数据资产的企业经营业绩进行对比，将对比差异作为被评估数据资产所对应的增量收益。如通过启用数据资产开辟新业务或者赋能提高当前业务所带来的额外现金流量或者利润，或者产生成本费用节约。但增量收益的评估同样需要综合考虑数据资产与其他资产在价值创造活动中的作用和贡献，需要明确各自的贡献程度。

除了收益预测外，数据资产价值评估还需要正确确定剩余经济寿命期和折现率。一般而言，数据资产作为无形资产交易时需要充分考虑使用期限，作为短期资产交易时重点关注其合同约定或授权期限即可，无论哪种情形，所确认的收益期不得超出产品或者服务的合理收益期。在确定折现率时，可以综合利率、开发者的投资回报率、风险因素等来确定，从财务角度可以采用无风险报酬率加风险报酬率的方式，同时确保数据资产折现率与预期收益的口径保持一致。

收益法的适用场景也是有限的，特别是通过企业的日常经营活动创造价值的情形下预测数据资产未来收益存在较大不确定性，既包括收益本身的波动，也包括区分资产组价值贡献存在困难。数据资产具有非消耗性和时效性，也导致对其使用期限的判断存在技术难度。

5.2.3 数据资产价值评估的市场法

数据资产价值评估的市场法是指在较为成熟的交易市场上，通过比较被评估资产与最近售出类似资产的异同，并将类似的市场价格进行调整，从而确定被评估资产价值。在会计系统中，公允价值计量属性的特点与市场法有相似之处。

数据资产价值评估市场法应用的前提是存在合法合规、交易公开且较为活跃的市场。运用市场法评估数据资产价值时，通过事先设定的标准选取与被评估数据资产相同或最为相似的数据资产，作为可比交易实例数据资产，然后通过量化被评估数据资产和可比交易实例数据资产的价值影响因素，来调整可比交易实例数据资产的价值，最终得到被评估数据资产的价值。

应用市场法进行数据资产的价值评估时，如果不存在可比交易实例，市场法就失去了适用性。如果数据资产规模较大，难以找到相似可比交易实例，可以考虑将数据资产拆分成若干数据集，分别寻找可比交易实例并进行价值评估，最终将所有数据集的评估价值予以加总。

数据资产价值评估的市场法使用的基本公式为

$$P = \sum_{i=1}^{n} Q_i X_i$$

式中，P 为评估值；Q 为参照数据集的价值；X 为调整系数；i 为被评估数据资产分解为若干数据集的序号；n 为被评估数据资产分解为若干数据集的总数量且 $n \geq 1$。

应用市场法进行数据资产的价值评估时，对可比交易实例数据的价值进行调整是必然的，这是因为市场上很难有与被评估对象完全一致的数据资产。如何进行调整，需要对数据资产及市场环境进行具体分析。《数据资产评估指导意见》主要从四个方面提出了调整系数，即质量修正系数、供求修正系数、期日修正系数及容量修正系数。

质量调整是指在评估数据资产价值时，综合考虑数据质量的影响，数据质量可以从一致性、完整性、规范性、时效性和可访问性等方面评价，具体指标内容可以参考《数据资产评估指导意见》附录 B。供求调整是指评估数据资产价值时，综合考虑数据资产的市场规模、稀缺性及价值密度等因素的影响。期日调整是指评估数据资产价值时，综合考虑各可比案例在其交易时点的居民消费价格指数、行业价格指数等与被评估数据资产交易时点同口径指数的差异情况对其价值的影响。容量调整是指评估数据资产价值时，综合考虑数据容量对其价值的影响，一般情况下，价值密度接近时，容量越大，数据资产总价值越高。如果存在其他对数据资产价值产生重大影响的因素，可以同时予以调整。

目前，企业数据资产核算入表处于早期阶段，数据资产的市场交易量比较小，尚不具备发现大量可比交易实例的条件，无论数据资产的公允价值计量还是应用市场法对数据资产价值进行评估，都有待数据流通机制的健全和数据交易的繁荣活跃。随着全球数据产生量的指数级增长及数据交易市场的快速发展，应用市场法评估数据资产价值的条件会越来越成熟。

成本法、收益法和市场法是较为成熟的资产价值评估方法，但如何将传统方法应用于数据资产价值评估，需要不断地进行实践和修正。除此之外，基于对数据资产特征的分析，学术界探索出了一些新的模型和方法来评估数据资产价值，如基于期权定价模型的方法、蒙特卡罗模拟法等。由于这些方法尚处于研究阶段，这里不予详细阐述。

5.3 数据资产价值的动态评估

数据资产比传统资产类型多样，性质复杂，以传统方法进行前置评估得出的结论存在较大不确定性，如果以此为基准定价交易，可能数据资产具有的风险将主要由一方承担。因此，对于那些不确定性较强、规律不明确、应用场景多样化的数据资产，若需要可以对数据资产进行动态价值评估，以使交易双方风险共担，确保交易过程公平合理，从而推动数据资产的交易流通。

5.3.1 数据资产价值动态评估的特点

数据资产价值的动态评估是将数据资产使用过程纳入评价的价值评估方式。对数据资产的价值进行动态评估，就要充分考虑数据资产释放价值的特征，以数据资产应用价值为基础进行评估，动态评估的特点主要有以下四个。

（1）适用面广

数据资产的动态评估既可以作为一种前置评估方法，也可以将评估过程延伸至数据资产的应用过程，部分消除前置评估中的不确定性。依托动态评估可以为一些数据资产设计更为合理的交易机制，从而促进数据市场发展。例如，价值调整机制使得原来对"一锤子买卖"式的交易方式有顾虑的企业愿意进行交易。

（2）充分考虑数据资产价值创造特征

数据资产创造价值具有时效性和叠加性，这些特征的具体表现形式很难在应用之前被清楚地认识。动态评估方式将评估过程延伸至数据资产创造价值的过程，以数据资产释放价值的规律为依据进行设计，同时将不同场景下创造的价值进行加总，使得评估结果更具有可信度。

（3）具备评估价值调整机制

大量数据资产评估价值的不确定性强，传统方法对数据资产价值的"一锤定音"使得数据资产价值偏差难以纠正，动态评估可以提供数据资产评估价值的调整机制，并将这种调整传递至交易机制，从而降低价值评估的偏差，减少交易风险。

（4）评估的复杂性高

数据资产创造价值的规律需要从技术层面和管理层面共同研究，因此动态评估需要投入较多的人力资源和时间去深入数据资产应用过程，同时也延长了数据资产交易，这增加了动态评估的复杂性和评估成本。当然，动态评估为数据资产的后置评估奠定了良好的基础。

5.3.2 基于收益法的动态评估

传统的收益法是在数据资产应用之前预测应用中创造的价值量，并将所有价值量予以折现，公式为

$$P = \sum_{t=1}^{n} \frac{F_t}{(1+i)^t}$$

式中，各个变量的含义前文已述及。由于数据资产释放价值存在易变性和不确定性，因此前置评估的误差可能比较大，无论直接收益预测、分成收益预测、超额收益预测还是增量收益预测，都是基于评估日对未来数据资

产的应用环境、释放价值规律的认识,如果评估日距离应用日较久远,则存在偏差的可能性比较大。为了减少价值评估的偏差,可以在收益法模型中加入调整因子 γ,当数据资产正式投入使用后进行收益预测的再评估并审定调整系数,在实际操作中可以就主要影响因素进行评估,公式为

$$P_1 = \sum_{t=1}^{n} \frac{\gamma_t F_t}{(1+i)^t}$$

式中,γ_t 是相应年份预测收益的调整系数。

用于交易的数据资产若进行动态价值评估,双方应就动态评估的成本及方式达成一致,并就动态评估的价值调整 $\Delta P = (P_1 - P_0)$(P_0 为前置评估价值)如何分担达成共识,如双方分别承担比例为 μ_1 和 μ_2,则

$$\Delta P = \mu_1 \Delta P + \mu_2 \Delta P$$

$$\mu_1 + \mu_2 = 1 (\mu_1 \geq 0, \mu_2 \geq 0)$$

在现实交易中,如果需要动态评估,则数据交易所可以向交易双方收取保证金作为交易担保,促使交易最终完成。如果交易双方互信程度较高,也可以先完成数据交割使用,不进行前置评估,直接以动态评估价值进行交易。

5.3.3 基于价值密度函数的动态评估[一]

(1)数据资产价值密度函数的概念

原始数据的价值密度较低,但经过生产加工过程并进行数据资产化后,数据成为有用的数据产品并应用于企业的生产经营或管理决策,从而创造价值。数据资产投入使用后,存在一个"温—热—冷"的变化过程,这个过程表明数据资产的价值密度呈现一定的趋势特征,依据这个变化规律我

㊀ 本小节内容供探索性研讨使用。

们提出数据资产价值密度函数模型:

$$f(x) = \frac{k}{x^{b\ln x}}$$

式中,$f(x)$ 表示以应用时间 x 为自变量的数据资产创造的价值量;k 是峰度系数且 $k>0$;b 是张度系数且 $b>0$;$\ln x$ 是 x 的自然对数,其中 $x>0$。数据资产价值密度函数是一个长尾函数,其变化趋势如图 5-1 所示。

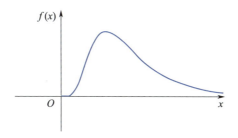

图 5-1 数据资产价值密度函数示意图

根据数据资产创造价值的规律,数据进入应用阶段后,其创造价值的数量逐渐增加,当数据被访问的次数激增后,使得数据迅速变热,数据资产创造的价值逐渐显著,直到创造价值的速度达到峰值。随着数据逐渐降温,数据资产创造价值的速度也逐渐变得缓慢,直到创造的价值趋于零。

数据资产价值密度函数的峰值由系数 k 决定,同一数据在不同场景下,达到的峰值高度可能不同。一般情况下,数据资产规模越大,能够释放的价值越高;数据时效性越强,集中释放价值可能导致峰值越高。如更新速度快的物流仓储数据,当数据量较小时,只用于辅助完成物流配送,将物品送到消费者手中;在数据达到一定规模以后,数据就能够助力商家精准营销、提升服务、节约成本等,数据释放的价值会快速增加。

数据资产在应用中价值增加和衰减的方式可能不同,这与数据的类型、适用的场景或应用数据的企业规模等因素相关,有的数据能够长时间释放较大价值,有的数据可能在达峰后很快衰减。数据资产价值密度函数中,张度系数 b 决定了曲线的衰减速率,b 越大,曲线张度越小,数据资产释放价值的衰减越快，如一次博览会或演唱会产生的数据仅能在短期内创造价值，反之，长期稳定的数据能够在较长时期内创造价值。

（2）数据资产的应用价值评估

数据资产最终为企业应用并创造价值，价值评估的最终目标就是对数据资产创造的价值进行事前测算或事后评定。使用动态评估模型评估数据资产的应用价值时，对数据资产的价值密度函数在应用时间内进行定积分即可，单一场景应用下的公式为

$$V = \int_0^t \frac{k}{x^{b\ln x}} dx$$

式中，V 是单一场景下数据资产的应用价值；t 为该数据资产应用的时间节点且 $t>0$；其他变量的含义同前。

如果数据资产可以多场景应用，则该项数据资产的应用价值就是所有场景下应用价值的总和，公式为：

$$V = \sum_{i=1}^{n} \int_0^{t_i} \frac{k_i}{x^{b_i \ln x}} dx$$

式中，n 是应用场景的总数量；t_i 是第 i 个场景下数据资产的应用时间节点且 $t_i > p$，其中 p 是达峰时间；k_i 是第 i 个场景下数据资产价值密度函数的峰值系数；b_i 是第 i 个场景下数据资产价值密度函数的张度系数；其他变量的含义同前。

评估数据资产的应用价值，关键是确定达峰时间 p 和价值密度函数中的参数 k 和 b。达峰时间具有重要的参考意义，即积分的时间区间可以参考 p 予以估算，如积分区间是 p 的 $m(m>1)$ 倍。峰度系数 k 的实质是数据资产在应用中单位时间所创造价值的最高值，如单位时间内数据访问量达到最多时产生的价值，因此峰度系数 k 是一个以价值量为单位的参数（如元或万元等）。张度系数 b 表征价值密度函数的衰减方式，是一个无量纲的数字。确定参数 p、k 和 b 是一项专业性较强的工作，不仅需要会计领域的专

家参与，而且特别需要业务领域的专家对数据资产创造价值的规律进行分析，必要时可以使用仿真软件模拟数据资产应用并确定合理的参数。

（3）数据交易方式设计

基于价值密度函数的动态评估适用于复杂的数据资产，应用动态评估模型时，模型参数较难在应用之前测定，这需要双方就数据资产交易达成一致意见，签订有约束力的长期协议并建立履约机制。如基于成本补偿和价值共享设计交易契约，则交易价格可依照如下公式进行：

$$V_T = V_C + V_0 + \mu \int_0^t \frac{k}{x^{b\ln x}} \mathrm{d}x$$

式中，V_T 是交易双方协商认可的交易价格；V_C 是交易双方协商认可的数据资产必要的历史成本；V_0 是交易双方协商认可的支付的固定部分；μ 是交易双方协商认可的数据资产应用价值由出售方分享的比例。如果数据资产的应用时间较长（比如超过 1 年），双方也可以将数据资产的应用价值予以折现，双方分享应用价值的现值。

上述交易模式的优点在于，首先数据资产交易应进行成本补偿，其次数据资产实际应用价值由交易双方共享，共担风险，这意味着除了成本补偿外，采购方付出一定的固定金额，然后出让一定比例的数据资产应用价值作为取得数据资产的代价。成本补偿和固定部分可以在资产交割时完成交易，应用价值的分享部分可以在价值动态评估完成后履行。

数据资产如果采用动态评估模型进行价值评估，数据交易模式可以根据交易双方的具体需求进行任意合理设计，其中的关键要点主要有两个方面：一是交易双方的互信和履约机制，比如交易完成之前出售方可以通过技术手段保持对已经应用的数据资产的控制，这需要数据加密技术的支持；二是动态评估的专业保障，对模型参数的测算需要懂数据管理和业务的技术人员参与，这为交易双方提出了较高要求。

基于价值密度函数的数据资产价值动态评估与基于收益法的动态评估

在指导思想上是一致的，即在一定履约机制下，数据资产先行交割使用，然后再进行价值的动态评估并完成交易，避免了"一锤子买卖"的缺陷。基于收益法的动态评估是一种离散型评估，是对数据资产的实际应用情况将每个年份的价值量进行离散测算；基于价值密度函数的动态评估充分考虑了数据资产价值释放的特点，展现出数据资产在不同应用场景过程中的价值变化，采用连续性长尾函数的积分进行测算，理论依据更客观和科学。

拓展资料

补充阅读

延伸讨论

1. 关于数据资产价值创造与价值评估

2023年2月,在国家发展和改革委员会价格监测中心指导下,贵阳大数据交易所自主研发的全国首个"数据产品交易价格计算器"正式上线,其公式为:

$$P = C \times F_1 \times F_2$$

式中,P 为数据产品交易价格,为数据产品的开发价值,为价值贡献因子,为多场景增速因子。上述数据产品交易价格以数据产品开发成本为基础,综合考量了数据成本、数据质量、隐私含量等多重价值修正因子对数据产品价格的影响,并基于预计的商业模式和市场规模进行评估。

2023年12月,由贵阳大数据交易所与中国光大银行贵阳分行联合推出全国首个数据资产融贷产品——"贵数贷"。数商企业在贵阳大数据交易所完成登记和数据产品挂牌后,可获得数据要素登记凭证,并按照数据产品合规及价格评估流程,以数据产品交易价格计算器与中国光大银行贵阳分行数据资产评估系统进行交叉验证后,实现综合授信。"贵数贷"开启了数据产品融资"新航线",帮助中小微企业在传统资产基础上开拓数据型无形资产融资新模式,实现贷前、贷中、贷后全流程风控链路,助力解决现代企业融资难、融资贵、融资慢等问题,"贵数贷"产品授信融资区间为1 000万~2 000万元。贵州车联邦网络科技有限公司已成为"贵数贷"产品首家受益企业,中国光大银行贵阳分行为该企业授信1 000万元。

小组讨论

课程小组结合数据资产生命周期,研讨影响数据资产应用价值的影响因素,讨论"贵数贷"产品助力企业融资的依据和优缺点,并分析"贵数贷"可能存在的风险并提出风险控制建议。课程小组讨论后进行课堂交流。

2. 关于数据资产价值评估的方法

小组讨论

课程小组深入讨论数据资产价值评估的方法,系统比较各种方法的优缺点,并就如何克服缺点、改进评估方法提出自己的观点。课程小组讨论后进行课堂交流。

延伸讨论参考答案

第 6 章
数据资产交易

导 言

  数据作为一种新型的生产要素，通过要素市场的交易可以在社会生产中发挥巨大作用。2023 中国（深圳）数据要素产业创新大会发布了贵州气象数据应用成果，标志着首笔场内"持证"气象数据产品交易在贵阳大数据交易所顺利完成，同时中国气象局 19 项高价值气象数据产品宣布在贵阳大数据交易所、深圳数据交易所、上海数据交易所挂牌上市，这是第一批共计八类高价值气象数据产品及其衍生数据产品，可广泛应用于水利水电、能源生态、大气环境、城市安全、民用航空、航运海事等国计民生重要领域。

  随着相关制度不断完善，我国的数据资产交易市场将蓬勃发展。数据资产交易是数据供给方与需求方之间以公平方式交换数据资产的行为，交易媒介可以是资金或资金等价物。数据资产交易的对象可以是数据集（数据包）、数据 API，也可以是其他数据产品或数据服务，如可视化数据分析和建模等数据应用服务、以清洗加工处理为主的数据处理服务、数据分析工具服务及大量的数据衍生产品。

6.1 数据资产交易概述

进入数字经济以来，数据资产的重要性不断被人们认识，各国政府也在出台政策推动数据资产的广泛应用。数据资产要想发挥其战略性生产要素的作用，就必须能够在市场上进行流通交易，让数据在更多的环境下充分融合其他生产要素并释放其价值。然而数据流通市场建设并非易事，这是一项系统性工程。

6.1.1 数据资产交易的现状

（1）数据资产交易的政策环境

随着数字化转型的深入发展，全社会可采集和存储的数据呈现指数级增长，海量的数据产业形成一个庞大的市场。当前公共数据和商业流通中产生的数据占主要比例，但随着数字化转型而来的边缘计算普及，涉及研发与生产经营的工业数据也将呈现爆发式增长。数据交易越来越成为一个具有迫切性的社会经济问题，全球各国都在积极探索数据的安全开放与共享，加强数据的高效流通和利用。

2012 年"大数据"成为社会热词，2014 年"大数据"进入我国政府工作报告，2015 年我国在"十三五"规划建议中提出实施国家大数据战略，2019 年中央文件将数据纳入生产要素，"数据资产"逐渐成为学术界和实践领域关注的重要概念。近年来，我国政府不断探索培育和发展数据要素市场，出台了一系列政策和法律法规以促进数据交易流通，赋能实体经济，充分释放数据价值。2020年3月，《关于构建更加完善的要素市场化配置体制机制的意见》提出从加快培育数据要素市场、健全市场交易自律机制等方面促进数据流通。2021年3月，《中华人民共和国国民经济和社会发展第十四个五年规划和2035年远景目标纲要》明确指出加强关键数字技术创新应用，加快建立数据资源产权、交易流通、跨境传输和安全保护等基础制度和标准规范，加强数据安全评估，推动数据跨境安全有序流动。2021年6月，我国颁布《中华人民共和国数据安全法》，这部法律从保护数据安全方面为数据的交易流通保驾护航。2022年1月，《"十四五"数字经济发展规划》明确提出强化高质量数据要素供给，加快数据要素市场化流通。

进入2023年，我国政府部门推出了一系列促进数据资产流通的法规、政策文件，"数据二十条"、《暂行规定》《数据资产评估指导意见》等文件的发布为数据资产确权、入表、定价等数据流通中的关键问题提出了基本解决方案。2023年10月，国家数据局成立，负责协调推进数据基础制度建设，统筹数据资源整合共享和开发利用，统筹推进数字中国、数字经济、数字社会规划和建设。2023年12月，国家数据局等17个部门联合发布《"数据要素×"三年行动计划（2024—2026年）》，进一步从政策层面推动数据要素高水平应用，强化场景需求为牵引，带动数据要素高质量供给、合规高效流通，加快多元数据融合，进而培育新产业、新模式、新动能，激活数据要素潜能，发挥数据要素的"乘数效应"。在相关法律、法规及政策的推动下，我国数据资产流通的环境和生态体系已初步形成。

（2）数据交易机构现状

为响应数据资产流通的社会需求和国家政策号召，近年来大数据交易所纷纷成立。从2014年2月北京中关村数海大数据交易平台成立起，全国多个省份相继成立本地的大数据交易所。国家工业信息安全发展研究中心发布的《2022年数据交易平台发展白皮书》显示，截至2023年9月，全国已先后成立53家数据交易机构，可交易的数据产品也越来越丰富。根据国家工业信息安全发展研究中心测算数据，2021年我国数据要素市场交易规模为815亿元，2022年接近1 000亿元，数据交易正在迎来快速发展阶段。

目前较为活跃的数据交易机构主要有贵阳大数据交易所、上海数据交易所、深圳数据交易所和华中大数据交易所。贵阳大数据交易所的数据来源包括政府公开数据、企业内部数据、网页爬虫数据等，提供的服务类型主要是API和数据包以及算法模型等，贵阳大数据交易所不进行原始数据交易。上海数据交易所的数据产品来自86个挂牌数商，数据主要来源于数据供给方，服务以提供数据包为主，以"不合规不挂牌，无场景不交易"为基本原则，具备国内首发数商体系、全数字化数据交易系统、数据产品登记凭证、首发数据产品说明书等机制创新。深圳数据交易所的数据来源主要是企业内部数据、数据供给方提供的数据，服务类型包括API、数据包、加密数据、分析报告、应用程序等，跨境数据交易是深圳数据交易所的重点工作之一。华中大数据交易所不仅提供原始数据集，还提供实时数据和基于数据分析的潜在价值成果，是我国首个独立同时支持个人和机构用户的综合实时在线交易系统。

（3）当前的主要问题

目前数据流通交易还处在早期，尚未达到成熟状态。从数据交易机构的实际运行来看，当前数据交易市场还比较冷清，这与2023年之前关于数据流通的关键问题迟迟未能得到有效解决有关。虽然数据交易机构已经探索了十年时间，但在市场运营中却遭遇困境，最初预期的数据交易量远远未能实现，有些交易机构处于停业状态甚至已经注销，有活跃交易的机构不足五家，有些机构交易量非常小。中国信息通信研究院发布的《全球数字经济白皮书（2022 年）》显示，2021 年全球 47 个主要国家数字经济增加值规模达到 38.1 万亿美元，其中我国数字经济规模达到 7.1 万亿美元，位居世界第二，但通过数据交易机构进行交易的数据占比不到 5%，存在大量数据进行黑市交易或私下交易的现象。造成这种现象的原因主要有两点：一是数据流通的环境尚不成熟，无论政策法律还是市场供给与需求，都处在萌芽状态；二是早期的数据交易行业进入门槛较低，有些机构追求抢占注册先机。

从已有数据交易业务模式来看，实际交易对象有较大比例是对原始数据进行简单的搜集、脱敏、分析处理，深层次的数据价值挖掘还有待进一步的拓展。在数据交易市场中，大部分数据交易所主要扮演着中介的角色，在有关部门的监督下进行数据供求关系的撮合。各机构成立之初设想的确权估值、交付清算、数据资产管理和金融服务等一系列增值服务还没有落地，所商分离原则还没有深入贯彻执行。以贵阳大数据交易所为例，自 2015 年成立至 2022 年年底，八年间累计成交金额仅 3.59 亿元。经过制度研究、流程建设以及政策落地，贵阳大数据交易所 2023 年得到全面提升，当年成交金额已接近 20 亿元，入驻数商超过 700 家。

随着数据流通机制逐渐完善，数据交易的各项关键问题正在逐步解决，数据确权、数据估值、数据安全、交易机制等不再"卡脖子"，我国的数据交易正在高速成长。

6.1.2 数据资产交易的流程

数据资产交易的流程比较复杂，只有诸多数据主体形成的生态体系健全和壮大，数据资产的流通交易才能不断繁荣兴盛。随着影响数据资产交易的关键问题——数据确权、价值评估和入表的初步解决，数据资产流通体系中的主体逐渐活跃，数据资产交易流程逐渐清晰化。

数据资产流通中的主体主要分为三类：一是数据的供给方，包括原始数据和加工数据的供给方；二是数据需求方，包括以加工数据为业务的数商企业和以最终使用数据为主的非数商企业；三是数据交易服务商，主要包括数据信托或托管服务、数据法律服务、资产评估服务、数据管理服务的数商企业以及数据交易所。数据资产会计主要阐述数据的供给方和需求方关于数据资产的核算问题，因为数据资产的成本费用和收入等核算均以这些主体为主，数据交易服务商的主要业务为数据资产流通交易提供管理服务。

数据资产交易以数据交易所的服务为主线，以数商服务为重要组成部分。数据交易所的核心业务是制定交易规则并提供交易平台、交易撮合、交易监管、交易结算、交易备案等服务，目前在数据流通体系还不健全的情况下，数据交易所承担着大量数商服务。市场化的数商服务生态目前还不健全，未来按照所商分离原则建设数据流通市场，数据资产交易机构将聚焦于数据交易服务，其他服务则通过培育数商生态体系来完成。数据交易服务与数商服务共同保证数据资产合法、合规、安全、高质量的流通。数据资产交易流程示意图如图6-1所示。

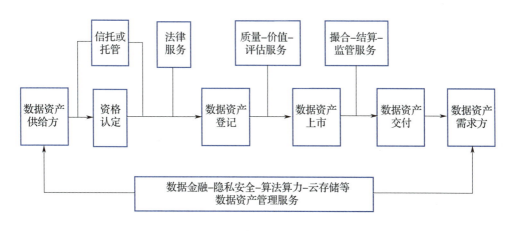

图6-1 数据资产交易流程示意图

6.2 数据资产交易的类型与风险

随着数字经济的高速发展,数据资产交易日益活跃,交易的内容和方式也不断创新。同时,数据资产交易也伴随着风险,如何认识和管理风险也是数据资产交易双方需要面对的重要问题。

6.2.1 数据资产交易的类型

数据资产可以从狭义和广义两个角度理解。狭义来看,数据资产是包括原始数据及衍生数据在内的以具体数据为内容的资产;广义来看,与数据资产生命周期密切相关特别是只与数据资产相关联的服务,也可以被认为是"数据型资产",如算法算力。数据资产交易的对象既可以是狭义的数据,也可以是数据服务在内的广义的数据型资产。

(1) 按交易场所分类

根据交易场所不同,数据资产交易可以分为场内交易和场外交易。场内交易是指通过依法设立的数据交易所、交易中心等平台进行的集中数据交易。自2014年"大数据"首次被写入政府工作报告以来,我国批准成立的数据交易机构已超过50家,上架数据产品超过12 000种。以贵阳大数据交易所为例,该所2015年正式挂牌运营后,率先探索数据要素市场培育,制定了流通交易制度规则以及市场主体登记、数据要素确权登记、数据交易服务等职能,形成了包括工业、农业、生态环境、交通运输、教育文化等全方位使用场景的交易市场。

场外交易是指不经过依法成立的数据交易场所,而由企业或个人之间自主进行的数据交易。法律层面并未严格要求数据资产交易要在特定地点进行，目前场外交易仍是数据交易的主要形式，一方面是因为数据流通机制尚在建设之中，另一方面是部分数据交易者有意规避数据监管。中国信息通信研究院发布的《数据要素白皮书（2023年)》显示，2022年综合查询服务、金融、征信、广告、人工智能等各行业场外数据交易规模约为1 000亿元，是场内交易规模的50多倍。尽管已经出台《中华人民共和国数据安全法》《中华人民共和国网络安全法》《中华人民共和国个人信息保护法》等数据管理法律法规，但落实监管责任并全面杜绝数据泄露风险尚需时日。

（2）按交易对象分类

根据交易标的不同，数据资产交易可以分为数据资产产品交易和数据资产服务交易。数据资产产品包括用于交易的原始数据、脱敏数据、算法模型、人工智能训练数据、数据分析报告、API开放以及其他数据衍生产品。数据资产服务包括数据基础设施服务、数据加工处理服务、数据工具服务、数据分析服务、数据安全服务、数据交付服务以及数据定制化服务等。2021年3月成立的北京国际大数据交易所是国内首家基于"数据可用不可见，用途可控可计算"的新范式数据交易所，致力于打造新技术、新模式、新规则、新风控、新生态等五个创新数据交易体系，以期建设成为国内领先的数据交易基础设施和国际重要的数据跨境流动枢纽。

（3）按交易方式分类

根据交易方式不同，数据资产交易可以分为直接交易、单向交易和平台交易三种方式。直接交易是由数据供需双方直接对接，数据类型、购买期限、使用方式等由供需双方自行商定，如同企业私募融资，不需要第三方介入。单边交易是数据交易机构以数据服务商身份，将原始数据通过加工变成标准化的数据包或数据集再进行出售，一般采用会员制、云账户等方式，为用户提供数据包（集）、数据调用接口（API）、数据报告或数据应用服务等，属于"一对多"的单边交易。平台交易是以数据交易平台作为完全独立第三方，为数据供给方和数据需求方提供撮合、结算、监管及其他数据交易服务。

三种交易方式各有不同，直接交易模式灵活，适合需求明确的用户定制开发数据，但交易透明度低，也可能涉及一定的法律风险。拥有大规模数据资源的服务商主导的"一对多"交易，能够充分发挥数据资源的杠杆效应，降低数据重复处理的成本；平台交易能够依据严密规则进行数据资产交易，可以有效管理或避免信息不对称及法律风险问题。

（4）按数据标准分类

根据数据资产开发形式不同，数据资产交易可以分为标准化数据资产交易和定制化数据资产交易。标准化数据资产是指数据供给方提供标准化数据资产，这些数据资产是通过数据采集与加工等一系列规范流程形成的数据产品。定制化数据资产则是指根据数据需求方的特定需求，数据交易平台或者其他数据供给方为其进行定制化开发服务并交付相关数据资产。例如，北京华泰德丰技术有限公司是专注于气象业务软件开发、气象行业应用解决方案及商业气象服务等气象服务的数据提供商，它既提供基础气象数据产品，也为各行业提供定制化气象数据产品。基础产品可以解决大多数行业气象共同需求，这种数据资产交易属于标准化数据资产交易。对于气象条件敏感度高的企业，可以根据需要定制行业气象数据产品，如为交通物流、建筑以及农业等行业定制数据产品服务，这类交易属于定制化数据资产交易。

6.2.2 数据资产交易的风险

数据资产既是一项能够创造价值的战略性资产，也是一项具有权属敏感或隐私安全的资产，因此数据资产交易中不可避免地伴随着一定风险，认识并控制好这些风险对于促进数据资产健康流通并充分释放价值是很有必要的。

(1) 质量风险

数据资产的质量影响着其价值创造活动。由于数据资产的复杂性，目前的交易制度与规则中尚未系统地对数据质量标准进行明确阐述与规制。数据资产的质量体现在合法性、真实性、准确性、一致性和完整性等多个角度，保证数据资产的质量就需要在数据收集、整理、分析、集成、传输、存储等多个环节严格把控，但这既是一个技术难题，也是交易监管的难点。因此，研究和制定贯穿数据资产生命周期各环节的监管技术和关键规则，制定数据资产质量评估与检测的标准，是推动数据资产流通的重要工作。

(2) 合规风险

数据资产的合规风险主要涉及数据资产来源、内容和用途的合法合规性。数据资产交易若涉及个人信息，数据供给方应证明其个人信息的获取及共享满足合法性要求；即若交易数据不涉及个人信息，也应确保数据是以合法方式获取的，如使用网络爬虫技术时应审查是否存在违反被爬取网站的robot协议、突破或绕开被爬取网站设置的技术措施、妨碍被爬取网站的正常运行等；以其他方式间接获取数据的，数据供给方应说明其数据来源的合法性，如数据供给方的授权或未限制数据供给方对交易取得的数据进行转售等。数据交易所一般对数据交易的合规性进行严格监管。例如，贵阳大数据交易所对违规或违法、数据造假、数据欺诈、数据来源不合法的数商处以失去会员资格、列入交易所黑名单或移交司法机关等处罚。

市场流通的数据资产必须保证内容合法合规，如数据资产内容不应存在危害国家安全或公共利益、侵犯他人知识产权或商业秘密的风险。数据资产交易的用途也必须合规，如数据需求方不应将数据用于谋求实质性替代数据供给方提供的部分产品或服务，否则存在构成不正当竞争的风险；获取个人信息的，不应将去标识化或匿名化的个人信息用于对个人信息主体的重新识别。特别是场外交易，交易透明度低，市场监管难度大，数据资产不合规性的风险更大。

（3）安全风险

数据资产交易过程较为复杂，其中系统对接、数据传输、数据存储等环节都可能影响数据资产流通安全，如数据资产在交易过程中存在泄露的风险。又如，数据资产可能会遭受外界攻击或入侵窃取等。为了防止外界攻击，创新数据安全技术就十分重要，从技术层面遏制和杜绝攻击者进行非授权访问、传播网络病毒等带来的安全威胁，是一项长期工作。

6.3 数据资产交易的核算

在数据资产生命周期中，数据资产流通交易是一个重要环节。数据资产供应方需要对出售数据资产进行核算，需求方则主要关注数据资产采购的核算。

6.3.1 数据资产交易核算的理论分析

当前，数据资产交易的核算应根据《暂行规定》的要求，遵循现有相关会计准则展开。从现实情况来看，数据资产交易的类型复杂，会计属性特征多样，很多具体交易情况是现有会计准则未能覆盖的，因此如何进行会计核算需要基于现有会计准则的要求，结合会计学基本原理进行探索。

（1）数据型存货

根据《暂行规定》，企业日常经营中持有目的为出售的数据资产一般确认为存货。与传统的有形存货相比，数据型存货的出售方式较为复杂，如按照数据包或数据集出售，或者仅交易许可权、加工使用权等权利。

定制化数据资产标的明确，服务对象单一，数据服务企业的会计核算与传统有形存货核算相似，按照《企业会计准则第14号——收入》（简称收入会计准则）的相关规定进行处理即可。但如果定制化数据资产生产成本高，技术要求高，交付过程复杂，则需要在数据资产完工交付后，根据合同相关内容判断用户是否取得了数据资产的持有权、加工使用权或产品经营权，进而判断企业是否可以确认收入。对于用户是否取得相关权利，可以考虑如下内容：①企业就该权利享有现时收款权利，即用户就该权利负有现时付款义务。②企业已经将该权利转移或赋予用户，即已签署相关法律文件，例如，贵阳大数据交易所推出的数据用益凭证等。③企业已将该权利上的主要风险和报酬转移给用户，即用户已取得该权利上的主要风险和报酬。

标准化数据资产多以订阅权、许可权等方式提供服务，虽然数据资产持有目的为出售，但该数据资产的持有权不予转让，用户只能获得使用权，按照《暂行规定》，这种类型的数据资产介于存货和无形资产之间，形式上是企业经营业务且满足存货确认条件，但其本质是企业获得盈利的"资本"，按照资本观核算更为恰当。无论按照产品观还是资本观核算，仿照影视版权或知识产权的授权交易，标准化数据资产的交易收入可以计入主营业务或其他业务收入科目。

数据型存货的成本结转也面临一些新的挑战。存货会计准则指出"对于已售存货，应当将其成本结转为当期损益，相应的存货跌价准备也应当予以结转"，这对于核算部分数据资产是恰当的，而有些数据资产可以合法合规地进行复制并多次出售给不同主体，如动漫、影视作品交易。虽然按照《暂行规定》可以确认为存货，但在存货会计准则下，这些数据型存货出售后如何进行成本结转就成为一个新的问题。有学者提出按照预计销售总额或次数按比例分次结转,但这样处理面临着很大的不确定性。

在实践中,建议首先合理判断数据资产的存续期限,存续期限较短(可以考虑小于或等于1年)的标准化数据资产,确认为存货型数据资产,并在存续期内根据实际情况结转部分成本,存续期结束时成本结转完毕,成本结转后偶然产生的许可权收入计入其他业务收入或营业外收入科目。存续期限较长的标准化数据资产确认为存货型无形资产,虽然确认为无形资产可以在整个生命周期中结转成本,但在现有会计准则体系下也面临一些问题,后面进行详细阐述。

(2)数据型无形资产

根据《暂行规定》及无形资产会计准则的要求,一般将能够为企业长期带来价值的数据确认为数据型无形资产。企业拥有无形资产的目的是自用,即为企业的主营业务服务。数商企业确认数据型无形资产的目的可能是为用户提供数据使用权或许可权等服务,非数商企业则可能是用于自身的生产经营活动。

现有无形资产会计准则中,无形资产一般不专门用于出售,出售仅作为处置无形资产的方式。在实践中,无形资产出售时的收入计入资产处置损益科目,因为出售无形资产需要"将取得的价款与该无形资产账面价值的差额计入当期损益",这意味着现有无形资产准则默认无形资产是企业自用的资产。企业的无形资产使用权转让,虽然不属于出售,应该归属于无形资产交易,同样标准化数据资产为用户提供使用权或许可权,也属于数据资产交易的范畴。

确认为无形资产的标准化数据资产,其收入确认可以参考以提供版权服务为主业的影视公司。影视公司提供版权的收入可计入主营业务收入科目,因此以提供数据服务为主业的数商企业,提供标准化数据产品也是其主业,完全可以将数据许可权交易的收入计入主营业务收入。对于非数商企业而言，如果数据产品创造价值的主要方式是提供许可权，则可以计入其他业务收入科目，但如果是自用型数据资产，偶然的许可权收入应计入营业外收入。

标准化数据资产若确认为无形资产，可以参照无形资产会计准则进行摊销和减值的处理，当该数据资产许可权销售交易数量趋于零时，进行报废并确认处置损益，报废后若偶有许可权交易收入，则计入营业外收入科目。

6.3.2 数据型存货出售的核算

企业将数据资产确认为存货后，将进入销售环节。销售过程中发生的数据复制、传输或存储等支出，由出售方负担的，应计入销售费用。确认销售收入的同时，应视情况结转存货成本。

（1）数据资产所有权或持有权转移的情形

企业将持有的数据资产出售给对方，且不再拥有数据资产的所有权或持有权，此时应在达到确认条件的时间点确认销售收入并结转全部成本。一般而言，期限较短的定制化数据资产符合上述特点，数据资产出售后即使保存副本也对出售方没有价值的数据可以视同定制化数据资产。企业销售定制化数据产品，根据具体情况借记"银行存款""应收票据""应收账款"等科目，根据不含增值税价款贷记"主营业务收入"科目；根据收取的增值税销项税额，贷记"应交税费——应交增值税（销项税额）"科目。若有销售退回、销售折让等情况，应依据存货销售的相关规定进行处理。

例6-1：某数据服务企业为一家电商企业定制一项数据资产，根据合同交付期为8个月。该项数据资产核算完工成本为10万元，双方协商确认的不含增值税的价值为180 000元，增值税为10 800元，以银行存款转账支付。交付该项数据资产发生数据传输和技术指导费及差旅费5 000元，委托第三方提供服务，由该数据服务公司承担。

根据以上资料,数据资产出售方需要确认销售收入和销售费用,并同时结转数据资产的成本,编制会计分录如下:

借:银行存款　　　　　　　　　　　　　　190 800
　　销售费用　　　　　　　　　　　　　　　5 000
　　贷:主营业务收入　　　　　　　　　　180 000
　　　　应交税费——应交增值税(销项税额)　10 800
　　　　应付账款　　　　　　　　　　　　　5 000
借:主营业务成本　　　　　　　　　　　　100 000
　　贷:库存商品——数据资源　　　　　　100 000

(2)数据型存货出售许可权的情形

以许可权等方式进行的数据资产交易,并不转移数据资产的所有权或持有权,因此企业并不能一次性结转成本,可以根据企业实际情况设计成本结转方式,但一定要在数据型存货存续期间内结转完毕。成本结转完毕后产生的销售收入可计入其他业务收入。根据《中华人民共和国增值税暂行条例实施细则》,无形资产使用权转让的增值税纳税人一般可以享受免征增值税政策,目前关于数据资产的许可权、订阅权等服务交易是否缴纳增值税以及适用税率问题,尚未有正式文件,本业务暂不考虑增值税问题。

例6-2:某数据服务企业根据过去一年旅游消费市场发展趋势,针对2025年国内旅游市场开发出一款适合于旅游产业销售的数据资产,预计该项数据资产有效期限6个月,因为半年后产生的效益已经很小,因此确认为存货。该项数据型存货开发成本为8万元,计划以订阅方式面向旅游企业出售,订阅费为每家企业每年3 000元,但获得数据的企业只能自行应用该数据,无持有权,不能另行开发或转让。

该企业预计该项产品总共销售50份左右,1月该企业销售订阅权35份,至6月底总共销售了58份,且6月销售量只有1份,因此6月底企业决定完全结转该项数据型存货,但仍挂在网上销售,价格降为每份订阅权1 000元。8月该企业又获得2份订阅收入,共2 000元。

上述业务可以编制如下会计分录:

数据资产开发完成时:

借:库存商品——数据资源　　　　　　80 000
　　贷:生产成本——数据资源　　　　　　80 000

1月底确认销售时:

借:银行存款　　　　　　　　　　　　105 000
　　贷:主营业务收入　　　　　　　　　105 000

借:主营业务成本　　　　　　　　　　56 000
　　贷:库存商品　　　　　　　　　　　56 000

6月底时,因该项数据资产的成本早已结转完毕,故只需要确认销售收入即可:

借:银行存款　　　　　　　　　　　　105 000
　　贷:主营业务收入　　　　　　　　　105 000

8月底时,获得的收入可以计入其他业务收入:

借:银行存款　　　　　　　　　　　　2 000
　　贷:其他业务收入　　　　　　　　　2 000

6.3.3　数据型无形资产交易的核算

企业的定制化数据资产一般作为流动资产予以核算,即使定制化数据资产在企业存续时间较长,其性质仍为企业的经营业务,但特殊情况下出现的中长期定制化数据服务以及企业标准化数据资产的组合除外。这里对标准化数据资产确认为无形资产后出现的交易业务核算方式进行分析。标准化数据资产作为无形资产入账后,主要是对外转让数据使用权,数商企业可以确认为主营业务收入,非数商企业则可以确认为其他业务收入。前已述及，根据《中华人民共和国增值税暂行条例实施细则》，无形资产使用权转让的增值税纳税人一般可以享受免征增值税政策，但对于数商企业而言，作为主营业务是否能够免征增值税，有待相关部门出台政策文件予以确认，这里暂时不予考虑。自用数据型无形资产的摊销、处置及到期报废等问题，在第 7 章"数据资产的后续计量"中详细分析。

例 6-3： 某数据服务企业开发了一项某区域时空数据无形资产，可为采矿业、交通运输业、建筑业、商业等行业提供时空数据服务。该项数据资产历时两年开发完成，入账成本为 800 万元，预计对外服务三年后需要产品迭代。企业通过数据交易市场出售数据使用权，获得数据使用权的用户只能自行加工使用而不得转让数据。企业可以为用户提供定制化数据，也可以提供标准化数据产品。

2024 年 3 月，公司为多家企业用户提供定制化数据产品 60 万元，主要来自模块化数据产品的组合，产品已交付，交付中产生的费用由用户负担；与多家企业用户签订合同，交易金额 240 万元，产品已交付，交付中产生技术指导差旅费 7 600 元，由数据资产供给企业承担。

上述业务中，定制化产品并未涉及数据采集加工等环节，仅是当前已确认数据资产的模块组合，因此仍然按照无形资产核算。相关会计分录如下：

借：应收账款 3 000 000
　　销售费用 7 600
　贷：主营业务收入 3 000 000
　　　银行存款 7 600

拓展资料

补充阅读

延伸讨论

1. 关于数据型无形资产交易的核算

在数据资产交易中,如何处理已确认为无形资产的数据资产交易是一个重要问题,现有无形资产会计准则及其他会计准则的条款难以明确相关交易的核算方式,如数据资产的使用权转让或许可权出售等,应计入企业主营业务收入还是其他业务收入就是一个需要讨论的问题。

小组讨论

课程小组基于会计学原理和现有会计准则,讨论标准化数据资产确认为无形资产后,使用权转让或许可权出售等业务怎样核算更为科学。

2. 数据资产确认为存货和无形资产的进一步讨论

有一定数量的数据资产既可以确认为存货,也可以确认为无形资产,如存续期限不明确的标准化数据资产,无论怎样确认,其创造价值的方式均是对外转让使用权或出售许可权。课程小组基于会计学原理,讨论确认为存货或无形资产各自的优缺点,并结合第3章的相关内容,进一步研讨单独设置数据资产一级会计科目的可行性和具体一二级科目体系,论证设置"数据资产"一级科目是否可以解决本章所涉及核算中的问题,并最终形成课程报告,建议3 000字以上。

3. 关于数据资产的合规合法与安全

2020年年底,上海某信息科技公司接到一家国外公司的项目委托,国外公司自称其用户从事铁路运输的技术支撑服务,为进入我国市场需要对我国的铁路网络进行调研,但是受新冠疫情影响,国外公司人员来华比较困难,所以委托国内公司采集我国铁路信号数据,包括物联网、蜂窝和GSM-R,也就是轨道使用的频谱等数据。

虽然公司法务指明了该项目的法律风险，即交易数据的流出是不可控的，国外公司的数据用途并不明晰，可能会危害国家安全，也有可能侵犯到国内某通信集成公司的知识产权或商业秘密。但是为了赚取丰厚的利润，上海某信息科技公司仍旧接下了这个项目并约定了两个阶段的合作：第一阶段由上海某信息科技公司按照对方要求购买、安装设备，在固定地点采集3G、4G、5G、Wi-Fi和GSM-R信号数据；第二阶段则进行移动测试，由公司的工作人员背着设备到对方公司规定的北京、上海等16个城市及相应高铁线路上进行移动测试和数据采集。直到5个月后，该公司决定停止与国外公司合作，但公司两名员工不愿放弃如此高利润的项目，为了继续从中获取利益，两人寻找第二家公司与国外公司建立了合作关系，并直接拿到了9万元的分成。

上海市国家安全机关及时发现并破获了此案件，对相关人员进行逮捕。经鉴定，两家公司为国外公司搜集、提供的数据涉及铁路GSM-R敏感信号，GSM-R是高铁移动通信专网，直接用于高铁列车运行控制和行车调度指挥，是高铁的"千里眼、顺风耳"，承载着高铁运行管理和指挥调度等各种指令。这起案件是《数据安全法》实施以来，首例涉案数据被鉴定为情报的案件，也是我国首例涉及高铁运行安全的危害国家安全类案件。

小组讨论

课程小组针对上述案例，研讨如何控制数据资产交易中的各种风险，并讨论公司会计人员在数据资产交易风险管理中的作用。

延伸讨论参考答案

第 7 章
数据资产的后续计量

导 言

　　进入 2024 年后,大量企业开始启动数据资产入表工作,具有价值的数据资产得以确认并进入会计系统。资产的确认和初始计量只是数据资产入表的第一步,随着企业生产经营的展开,入表的数据资产要按照相关要求进行后续计量,以合理反映企业的经济业务和数据资产的变动情况,同时为核算经营成果和相关信息披露奠定基础。

　　数据资产具有有别于传统资产的特征,现有会计准则所提供的原则和方法可能不能直接应用于数据资产的后续计量,如何进行数据资产的后续计量需要在理解会计学基本原理的基础上,充分考虑数据资产的特征以及企业持有目的和价值创造方式,选择合理的计量属性处理数据资产的后续支出、资产减值以及处置等事项。

7.1 数据资产的后续支出与摊销

数据资产的后续计量内容较多，涉及计量模式、后续支出、资产摊销、资产减值及资产处置等内容，其中数据资产减值和处置设置专门小节介绍。

7.1.1 数据资产的后续计量属性

在会计系统中，数据资产进行后续计量的目的是对入表的数据资产在每一会计期末价值发生变动时进行新的计量，既要连续、系统地反映数据资产的价值变动，又要核算因价值变动而引起的损益。

一般情况下，数据资产采用历史成本法进行初始计量，入表后的后续计量需要重新选择计量属性，既可以继续采用历史成本法，也可以从其他计量属性中选择。采用历史成本法进行后续计量，主要针对的是数据型无形资产的摊销或减值，但如果数据资产的价值变动规律不易把握，也可以采用现值法进行计量。当存在公开、活跃的交易市场且存在与将要计量的数据资产同类的资产时，可以选择公允价值法进行计量。根据信息披露的要求，企业应在每一会计期末对数据资产进行减值测试，并根据测试结果调整数据资产期末价值，差额计入当期损益。根据会计准则要求，数据资产的期末价值一般不进行调整处理。

7.1.2 数据资产的后续支出

无论外购还是自行开发的数据资产，有可能在使用中基于业务需要进行后续投入，从而延长使用寿命或提升创造价值的能力。数据资产的后续支出是资本化还是费用化处理，直接影响数据资产的价值变动和企业利润计量。数据资产的后续支出主要包括技术性支出和非技术性支出。非技术性支出一般是存储、维护等运维管理支出，应直接费用化处理计入当期损益。

技术性支出是数据进行再次加工升级或者进行产品迭代过程中的支出，这些支出影响数据资产的功能和性质。现有无形资产会计准则未明确无形资产的后续支出可以资本化，因此根据会计的重要性原则，建议首先判断原有数据资产的账面剩余价值，若数据资产接近摊销完毕，则可以提前处置该项数据资产，技术性支出作为新的研发项目即可。如果数据资产账面净值仍然占账面价值较大比例，判断技术性支出是否已经超过原有数据资产账面净值，超出则应处置原有数据资产并确认新的数据资产；如果技术性支出未超过原有数据资产账面净值但比例比较显著（如超过50%），则可以调整数据资产的账面价值并重新计量剩余摊销年限，按照新的账面价值进行摊销；如果技术性支出重要性不足，可以直接费用化处理，计入当期损益即可。处理数据资产的技术性后续支出时，建议按图7-1所示的流程进行分析判断并进行核算。

例7-1：某企业由于生产的产品型号升级，其通过采集机床运行数据自行开发的数据型无形资产"智慧床01"控制系统面临迭代升级。经组织专家论证，确认该系统可以在原有基础上投入人力物力改造升级即可。经会计人员确认，"智慧床01"原账面价值200万元，直线法摊销四年，目前已摊销100万元。经技术专家论证，此次改造将投入人力资本和软件成本共计约40万元,改造升级后预计可应用三年。一个月后"智慧床01"改造升级完成,期间发生专家论证费用3万元,实际发生人力资本和软件成本共计44万元。

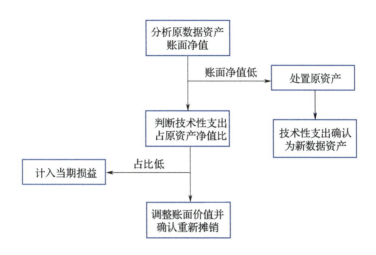

图7-1 数据资产技术性后续支出分析处理流程

根据以上资料,"智慧床01"账面净值仍然占原账面历史成本的50%,不需要处置原有数据资产,技术性后续支出44万元占该项数据资产账面净值的44%,可予资本化,因此相关会计分录如下(合并后):

借:研发支出——费用化支出——数据资源——智慧床01　　30 000
　　研发支出——资本化支出——数据资源——智慧床01　440 000
　　贷:银行存款(或应付账款、应付职工薪酬等)　　　470 000
借:无形资产——数据资源——智慧床01　　　　　　　440 000
　　贷:研发支出——资本化支出——数据资源——智慧床01　440 000

经过升级改造,"智慧床01"账面价值调整至144万元,使用年限三年,每年的摊销额为48万元。

7.1.3 数据资产的摊销

根据会计准则的要求,确认为无形资产的数据资产需要进行摊销核算。

由于数据资产具有一些特殊的性质,数据资产的摊销较为复杂,一般按照如下流程进行会计处理。

(1) 判断并预计数据资产的使用寿命

根据无形资产会计准则,数据资产入账时应分析判断其使用寿命。数据资产使用寿命如何确定需要综合考虑各种情况进行专业判断,无形资产会计准则提供的原则仍然适用于数据资产:①企业专项经营的数据资产,使用寿命以数据资产失去效用为止;②源于合同或其他法定权力的数据资产,应按照不超过所定合同或其他法定权利规定的期限确定使用寿命;③若合同性等权利约定延续,且企业无须为续约付出大额成本的,使用寿命可以包含续约期;④没有合同等规定的数据资产,企业应当考虑维护、产出等综合因素,确定其带来经济利益的期限。

数据资产的摊销年限如何确定,《暂行规定》并未给出具体指南,需要根据数据资产的具体情况进行分析判断。如果通过以上四种原则可以确认,或者数据资产的价值创造活动存在较为清晰的规律,能够通过技术研判确定使用年限,则问题得到解决。如果上述措施无法判定使用寿命,可以认定为使用寿命不确定,根据无形资产会计准则,使用寿命不确定的数据资产不进行摊销处理。如生物化石数据、珍贵古董文物数据、某些特定的档案类数据或公共数据等,难以确定合理的摊销年限,因此只定期进行减值测试即可。

(2) 数据资产摊销的核算

数据资产确定使用寿命后应当进行摊销。摊销是指在资产确定的受益期内合理分配其账面价值,以反映数据资产的真实价值,根据无形资产会计准则的精神,数据资产的残余价值应当确认为零。摊销方法的选择应当反映与该项数据资产有关的经济利益的预期实现方式,根据会计实践,可以选择加速摊销法或直线摊销法,具体选择哪种摊销方法,需要对数据资产进行具体分析。

如果数据资产价值创造活动表明其释放价值是均衡的，则可以采用直线法摊销。有些数据资产具有较强的时效性，其价值释放存在"温—热—冷"的长尾函数特征，也意味着在使用前期能够创造较高的经济价值，随着环境变化及技术进步等因素影响，数据资产创造价值的能力会加速下降，因此加速摊销法可能更适合这一类数据资产，也能够让各个会计期间负担的数据资产成本与实际情况接近。根据无形资产会计准则，无法可靠地确定经济利益预期实现方式的数据资产，应当采用直线法摊销。

例 7-2：某企业自行开发的数据型无形资产"智慧床01"主要用于数控机床的智能化控制管理，能够有效提高产品良率，提升产品质量。"智慧床01"账面价值144万元，摊销年限三年，用于A、B、C三种产品的生产，三种产品占用机床的机时比例为2:3:5。由于产品生产是稳定进行的，因此该企业采用直线法进行摊销。

某月该企业"智慧床01"摊销的会计分录如下：

借：生产成本——A　　　　　　　　　　8 000
　　生产成本——B　　　　　　　　　　12 000
　　生产成本——C　　　　　　　　　　20 000
　贷：累计摊销——数据资源——智慧床01　40 000

例 7-3：某企业主营电商业务，通过外购方式获取某项合规数据资产以提升在某区域的销售业绩。该项数据资产入账时成本为30万元。根据对相似数据的分析，该项数据资产的摊销采用加速摊销方式，即使用年限为三年，每年分别摊销总成本的40%、40%、20%。

该项数据资产摊销的会计分录如下：

第一年和第二年每月：

借：销售费用   10 000
  贷：累计摊销——无形资产——数据资源 10 000

第三年每月：

借：销售费用   5 000
  贷：累计摊销——无形资产——数据资源 5 000

7.2 数据资产减值

数据资产入表后，因环境变化、技术进步或竞品出现等，数据资产的实际价值可能低于其账面净值，即数据资产发生了减值。根据会计准则的要求，资产发生减值时应进行会计处理，以保证相关信息披露的真实性。同样，所有的数据资产都应定期进行减值测试并判断是否发生了资产减值，根据分析结果进行会计处理。

7.2.1 数据资产的减值测试

企业确认为存货的数据资产，在每个报表日需要依据《企业会计准则第1号——存货》（财会〔2006〕1号）对数据型存货评估可变现净值，并与其成本进行比较，如果可变现净值低于成本，表明数据型存货已经减值，需要计提存货跌价准备并计入当期损益。数据型存货的可变现净值以估计售价减去至完工时估计将要发生的成本、估计的销售费用以及相关税费后的金额来表示，如有数据资产服务合同，则以服务合同价格为准进行计算。资产负债表日，企业以可变现净值披露相关数据型存货的价值，若减记存货价值的影响因素已经消失，减记的金额应当予以恢复，并在原已计提的存货跌价准备金额内转回，转回的金额计入当期损益。

企业确认为无形资产的数据资产，在每个报表日都需要依据《企业会计准则第 8 号——资产减值》（财会〔2006〕3 号）对资产账面价值进行检查。数据资产作为一项新型资产，应在会计准则和会计学原理的基础上，基于技术理解和会计专业知识判断数据资产是否需要对其进行减值测试。当前数据资产刚刚开始入表，对数据资产的研究还在不断进行。一般而言，企业可以注意以下几种情形是否对数据资产的价值造成重大影响，从而判断数据资产是否减值：

1）企业生产经营状况表明数据资产发挥的作用大幅减少，超过正常的以摊销方式进行的价值降低。

2）数据交易市场同类产品价格下降超过正常预期，跌幅明显高于因时间的推移或者正常使用而预计的下跌。

3）由于历史原因，数据资产被发现违反《中华人民共和国数据安全法》《中华人民共和国个人信息保护法》等相关法律法规条款，该类数据将被限制使用或无法使用。

4）企业所处的经营环境发生重大变化，已确认的数据资产不再具有使用价值，已处于闲置状态、终止使用或计划提前处置。

除上述情形外，企业对其他可能导致减值的现象也要予以关注，判断相关数据资产是否已发生减值。

7.2.2 数据资产减值的核算

企业在报表日应当进行数据资产的减值测试，无论哪种情形出现减值迹象，都应对数据资产的可收回金额进行估计。根据无形资产会计准则，数据资产的可收回金额应当根据"数据资产的公允价值减去处置费用后的净额"与"数据资产预计未来现金流量的现值"中的较高值确定，无法确认公允价值的数据资产，以其现值作为可收回金额。如果数据资产不能独立发挥作用，难以独立产生现金流量，无法对单项数据资产的可收回金额进行估算，则需要按照数据资产所属的资产组为基础确定资产组的可收回金额。资产组的认定，应当以资产组产生的主要现金流入是否独立于其他资产或者资产组的现金流入为依据。

如果单独可辨认数据资产或资产组的可收回金额小于账面净值，则认为存在数据资产减值，需要在会计系统中予以反映，应当计提相应的资产减值准备，将资产的账面价值减记至可收回金额，并同时确认资产减值损失。可收回金额大于或等于账面净值时，表明数据资产没有减值，不做账务处理。

例 7-4：某数商企业以为用户提供商务数据服务为主业。2023 年 7 月，公司发现市场上出现了一款与本公司正在研发的 A 数据产品具有相似功能的数据产品，本公司的数据产品已发生成本 55 万元，预计还要发生必要成本 5 万元。同时，产品上市还需要产生 5 万元的销售费用。根据市场上出现的同类产品行情，该项数据资产的售价预计下调至 58 万元。2023 年 8 月初，公司发现 7 月上市的同类产品因出现严重问题已被召回，即将于本月上市的本公司产品成为同行业唯一产品，因此售价预计可以恢复至原定的 70 万元。

7 月，A 产品的可变现净值变动为 58-5-5=48（万元），与成本相比较产生了 7 万元的减值。8 月，存货减值的影响因素已消失，减记金额可以恢复，但限于已计提的存货跌价准备金额。针对上述数据型存货价值变动情况，公司分别在 7 月末和 8 月末做如下会计分录：

7 月末提取存货跌价准备：

借：资产减值损失——计提存货跌价准备　　70 000
　　贷：存货跌价准备　　　　　　　　　　　　　　70 000

8月末，转回原已计提的存货跌价准备：

借：存货跌价准备　　　　　　　　　　　　　　70 000
　　贷：资产减值损失——计提存货跌价准备　　70 000

例7-5：某电子商务公司拥有一套包含用户信息的商品销售数据分析系统，用于分析商品销售趋势、用户购买行为等，以帮助公司做出营销决策。该项数据资产采购完成时的入账成本为24万元，采用直线法摊销，预计使用年限四年，现已使用一年，未计提过资产减值准备。由于市场环境变化和数据分析技术进步，公司决定评估该数据资产是否存在减值情况。

会计部门会同销售和市场部门分析后认为，数据服务行业竞争激烈，市场上已出现其他开发商发布的功能更强的商品销售数据分析系统，并与本公司的系统不兼容。因此，本公司的商品销售数据分析系统实际上已出现减值迹象。经综合系统未来带来的现金流量以及技术进步的影响，公司最终确认该项数据资产的可收回金额为10万元，低于公司的账面净值18万元，差额8万元应作为减值处理，月末会计分录如下：

借：资产减值损失——计提无形资产减值准备　　80 000
　　贷：无形资产减值准备——数据资源　　　　　80 000

7.3 数据资产的处置

数据资产的后续计量还包括资产处置。任何资产均有生命周期，数据资产如果在其生命周期中的某一阶段因各种原因终止，则需要进行资产处置并将损益情况反映在会计系统中。从会计的角度看，数据资产的处置涉及所有权或持有权、加工使用权、产品经营权等权属的转移、变更或核销，数据资产性质、功能或用途发生改变而无法继续使用等情形。数据资产的具体处置方式多种多样，其中关于数据资产的出售或租赁等交易行为已在第6章"数据资产交易"中阐述，这里不再重复，我们重点关注数据资产的报废和捐赠。

7.3.1 数据资产的毁损或报废

企业对数据资产进行管理或应用的过程中，可能会产生两种方式的毁损或报废：一种是因管理不善或不可抗力导致数据资产毁损；另一种是数据资产不再适合企业业务或价值消失殆尽，需要进行出售或报废。

（1）数据资产的毁损

企业在生产经营过程中，由于各种原因可能导致数据型存货或数据型无形资产遭遇存储介质的物理毁损或数据本身的不可恢复的毁损（如服务器或云服务器损坏且无备份或备份同时损坏，或人为删除数据资产及其备份等），这种情况下需要核销相关资产并在会计系统中予以反映。如果是管理不善导致，可向责任人要求履行赔偿责任；如果是不可抗力导致，应及时确认损益。

例7-6：某企业2023年8月由原因不明火灾引起数据中心服务器部分烧坏，导致一部分作为存货存储的数据资产毁损且不可恢复，价值36万元；同年11月由于工作人员错误行为导致摊余价值15万元的某项数据型无形资产遭到严重破坏且无法恢复，该项无形资产入账价值30万元，已摊销15万元，经认定该工作人员需要承担1/3责任，赔偿5万元。

上述事项需要及时确认损失或责任，并做会计处理。意外灾害导致的数据资产毁损应确认为营业外损失，同时核销资产；人为责任导致的毁损，也应确认为营业外损失，其中赔偿部分可以降低损失额度（也可以通过营业外收入核算，但根据会计重要性原则，可以直接减少营业外损失金额）。

8月数据型存货毁损的会计分录如下：

借：营业外支出　　　　　　　　　　　　　360 000
　　贷：库存商品　　　　　　　　　　　　　　　　360 000

11月数据型无形资产毁损的会计分录如下：

借：营业外支出　　　　　　　　　　　　　100 000
　　其他应收款　　　　　　　　　　　　　　50 000
　　累计摊销——无形资产——数据资源　　 150 000
　　贷：无形资产——数据资源　　　　　　　　　　300 000

（2）数据资产的报废

数据资产到期或者由于技术、市场等原因已不适合企业应用，可以进行出售或者报废，注销资产的同时确认损益。

例7-7：某企业2023年3月处置了两项数据型无形资产，由于公司战略转型导致产品调整，F数据资产不再适用于企业经营，该项资产入账价值60万元，已摊销24万元，已计提无形资产减值准备10万元。经董事会同意，该项数据资产出售给其他企业，合同售价为18万元。同时，企业正常报废了一项使用价值灭失的G数据资产，该项数据资产入账价值20万元，已计提无形资产减值准备4万元，累计摊销16万元。

上述业务的会计分录如下：

数据型无形资产出售时，结转已计提无形资产减值准备和累计摊销金额，转销该项数据资产，由于无形资产出售属于流转环节，因此应计增值税销项税额，最后根据收到的销售款计算损益并计入营业外支出，会计分录如下：

借：营业外支出　　　　　　　　　　　　　90 800
　　累计摊销——无形资产——F　　　　　 240 000
　　无形资产减值准备——F　　　　　　　 100 000

应收账款	180 000
贷：无形资产——数据资源——F	600 000
应交税费——应交增值税（销项税额）	10 800

数据资产报废时，做正常资产核销即可，会计分录如下：

借：累计摊销——无形资产——G	160 000
无形资产减值准备——G	40 000
贷：无形资产——数据资源——G	200 000

7.3.2 数据资产的捐赠

数据资产不仅可以为企业创造价值，公益组织也可以通过应用数据资产提升运营效率，为社会创造更多价值。因此，无论数商企业还是非数商企业，基于履行社会责任的出发点，可以向公益慈善机构或事业单位捐赠有价值的数据资产，同时捐赠行为可以抵扣企业所得税（企业间捐赠不得抵扣所得税）。

企业向公益慈善机构或事业单位捐赠数据资产需要满足一些必要条件，如价值在企业不高于净利润的10%，经过企业所在地县级以上税务机关备案，必须用于公益事业，不得用于商业用途等。根据《财政部 税务总局关于全面推开营业税改征增值税试点的通知》（财税〔2016〕36号）的规定，捐赠用于公益事业或者以社会公众为对象的，可以免征增值税。向企业捐赠数据资产则需要计税，计税基础是所捐赠数据资产的市场价格，没有市场价格的以合理确定的公允价值或基于成本加成的评估价值计算。企业捐赠以营业外支出入账。

例7-8：某企业向服务于社会大众的某事业单位捐赠两项数据资产。第一项数据资产系企业生产中自行采集，入账成本25万元，能够帮助该事业单位在研究工作中节约大量实验成本和实验时间，但该事业单位仅有加工使用权,该项数据资产及其衍生产品不能向第三方转让或出售。第二项是企业不再使用的一项数据资产,其入账价值是 50 万元,已累计摊销 15 万元,已计提资产减值准备 10 万元。上述数据资产捐赠过程中产生数据迁移成本 5 000 元。

转让数据资产的使用权,并未减少数据资产的账面净值,由于捐赠不产生收入,因此只需要核算相关成本,根据重要性原则可计入"管理费用"或"营业外支出"(视同销售时应计入"其他业务支出")。相关会计分录如下:

借:营业外支出 250 000
　　管理费用 5 000
　　无形资产减值准备——数据资源 100 000
　　累计摊销——数据资源 150 000
　贷:无形资产——数据资源 500 000
　　　银行存款(或应收账款等) 5 000

拓展资料

补充阅读

延伸讨论

1. 关于数据资产的后续支出

一般的无形资产较少产生后续支出,即使有后续支出金额也比较少,企业往往将这些支出进行费用化处理。但数据资产与传统无形资产存在显著区别,数据的维护、更新、迭代甚至二次开发等经常出现,部分数据资产的后续支出金额比较大,根据会计学原理应该予以资本化。现有无形资产会计准则未对后续支出进行详细描述,仅在第十条指出"企业取得的已作为无形资产确认的正在进行中的研究开发项目,在取得后发生的支出应当按照本准则第七条至第九条的规定处理",其中第七条至第九条规定了费用化和资本化的原则和方法。

小组讨论

课程小组讨论数据资产完成后进行的后续支出如何费用化或资本化,提出一个较为系统和完整的解决方案并形成课程报告,建议 2 000 字以上。

2. 关于数据资产减值

根据现有会计准则,数据型存货发生减值后,若价值恢复可以冲回已计提跌价准备,但数据型无形资产减值后不允许调回。固定资产、无形资产确认资产减值损失后,资产的账面价值就成为新的成本计量基础,因此不允许转回已确认的资产减值损失,不仅因为两者的减值一般属于不可逆的永久性减值,还因为这样可以杜绝利用资产减值进行盈余操纵。

小组讨论

课程小组根据对数据资产的理解,搜集资料讨论数据型无形资产与传统长期资产在资产减值方面的性质是否完全一致,并根据讨论结果论证数据资产减值不许转回是否合理。

延伸讨论参考答案

第 8 章
数据资产的信息披露

导 言

  上市公司是现代社会经济生活中较成熟、较规范的经济组织形式,是一个国家资本市场的主体。上市公司作为公众企业,源于委托代理关系的信息不对称是其最重要的特征之一,而信息披露是联结上市公司、交易所和投资者的重要方式。信息披露质量深刻影响着资本市场的发展,每一个上市公司都应高质量地进行相关信息披露。

  数据资产入表是企业会计工作的一项重大事项,对企业各张财务报表均可能产生重要影响,因此企业应在正确认识数据资产入表的影响基础上,依据相关会计准则,寻求科学地、高质量地进行数据资产信息披露。有重要影响的非上市公司,也可以遵照《暂行规定》的相关要求,一并将数据资产相关信息予以公开,从而降低企业与社会公众之间的信息不对称。

8.1 数据资产信息披露的意义

数据资产日益成为重要的战略性生产要素，受到全社会的关注。企业作为社会经济的细胞，是数据资产的直接开发者、交易者和应用者，是数据资产价值创造活动的重要载体。上市公司是典型的现代公司制企业，政府、股东、员工及各类投资者都非常关注上市公司披露的以年报为主要内容的信息。数据资产入表后，上市公司信息披露必须纳入数据资产相关信息，从而保证信息披露符合完整性、准确性、真实性等质量标准。

8.1.1 数据资产对企业财务指标的影响

随着2024年1月1日数据资产允许进入报表，企业财务指标将逐渐受到影响，在一定程度上可能影响报表使用者的认识和判断。虽然《暂行规定》仅阐述了数据资产进入资产负债表的相关要求，但数据资产也将对利润表和现金流量表产生重要影响。

数据资产入表，首先进入资产负债表。《暂行规定》要求企业采用未来适用法，对之前已计入损益的数据资产相关支出不进行追溯调整。因此，资产负债表上不会凭空多出来一些资产，仅是之后发生的支出按照新的要求，符合条件的要进行资本化并确认为资产，这样可能影响资产结构，一些原来与数据相关的费用化支出，按照《暂行规定》可能进行资本化形成长期资产,在以后年度进行摊销。从结果上看,相当于数据资产入表开始执行年份的费用延期至以后多年度分摊确认,当年的资产增加,随后若干年的费用增加,开始执行年份的利润增加。随着更多数据资产入表及后续计量,数据资产入表的显著影响可能会在几年后逐渐平滑消失。

数据资产入表同时会影响衍生财务指标。如果企业执行较为宽松的政策,将原来的费用化支出较多地予以资本化,可能会明显降低资产负债率,同时,也会明显增加当年的利润(同时增加当年的所得税负担),提高每股收益等盈利能力指标,"改善"当年及附近年份的资产负债表与利润表。从现金流量角度分析,原来费用化的支出如果予以资本化,相当于原本属于经营活动现金流出的一部分变化为投资活动现金流出,从而明显增加了当年的经营活动现金净流量,同时增加了投资活动现金净流出量。

综上所述,数据资产入表不是仅仅确认一些数据资产,而是对报表和企业财务状况会产生一些综合性、长远性影响。对企业而言,不仅要正确处理数据资产的确认和计量问题,而且要高质量地在信息披露中处理好数据资产的相关情况。通过数据资产信息披露,可以增加企业数据资产的透明度,提高数据资产的市场信任度,有效推动数据资产的市场流通和共享,从而提升数据资产作为生产要素的价值。

8.1.2 数据资产信息披露的原则和方式

上市公司应严格遵循《中华人民共和国公司法》《中华人民共和国证券法》《上市公司信息披露管理办法》(证监会令第 182 号,2021 年)、最新的企业会计准则、《暂行规定》等相关部门发布的法律法规及相关文件精神,以财务报表及其附注进行数据资产的信息披露工作,其他企业的数据资产信息披露工作可以参考上市公司的做法。

关于数据资产的信息披露,《暂行规定》要求兼顾信息需求、成本效益和商业秘密保护，并提出强制披露与自愿披露方式相结合的方式供企业选择。强制披露主要涉及表内信息，即已确认为无形资产或存货的数据资源，以及关于数据资产的会计政策及变更等对数据资源评估可能产生重大影响的信息，如企业对数据资产进行评估，应当披露评估依据的信息来源，评估结论成立的假设前提和限制条件，评估方法的选择，各重要参数的来源、分析、比较与测算过程等信息。

自愿披露主要涉及表外信息，包括数据资产的应用场景、价值创造方式、相关宏观经济或行业背景、数据资产的非财务数据等信息。自愿性披露是强制披露的补充，特别是数据资产入表早期，投资者、企业员工等利益相关者对数据资产的概念和属性并不十分了解的情况下，自愿性披露信息有助于利益相关者做出决策，也有利于企业实现高质量发展。

数据资产信息披露的方式有多种，除季报、半年报、年度报告等周期性报告外，还包括数据资产专项报告以及临时公告等更多灵活的方式，如以下几种：①隐私政策和服务条款：企业可以在其网站或应用程序的隐私政策和服务条款中披露其数据收集、使用和共享的做法，如收集的数据类型、数据用途、数据共享方和数据安全措施等；②数据使用声明：企业可以通过数据使用声明阐述数据资产的使用方式、目的和规则，为相关者了解数据资产的用途和限制条款提供条件；③公开报告：企业可以通过公开报告披露关于数据资产的统计数据、分析结果、洞察和趋势等，帮助相关者了解数据的价值和影响；④公开数据：企业可以在适当的条件下公开发布其数据资产的一部分或全部作为开放数据集，提供给研究人员、开发者或其他人免费使用。

8.1.3 数据资产信息披露的作用

当前，数据资产入表是新政策，依法依规专门披露数据资产的相关详细信息，不仅是上市公司满足监管要求的基本措施，而且具有重要作用。但同时，披露数据资产信息也面临一些弊端，需要上市公司进行权衡，以恰当的方式进行数据资产的信息披露。

通过专门披露数据资产信息，可以提高企业数据资产的透明度，使投资者、监管部门、供应链伙伴及其他利益相关者了解企业数据资产的来源、质量、安全性和合规性等情况，增强彼此的信任程度，并提高决策的可靠性，防范未知风险。同时，专门披露数据资产的详细信息有利于投资者和潜在的投资者全面评价企业价值。从企业自身角度看，专门披露数据资产的详细信息，也有利于企业自身的合规管理，有利于展示企业在数据资产领域管理的优势。

数据资产的信息披露也存在一些弊端和限制，需要企业进行多方位权衡。首先要权衡披露数据资产信息可能导致的隐私泄露和安全风险，避免出现违规、商业机密暴露甚至损害自身的竞争优势造成经济损失，因此必须充分评价数据资产的敏感性和隐私安全。同时，数据资产种类繁多，性质复杂，还要考虑信息使用者对数据资产的理解程度，因此详细信息披露需要投入大量资源，企业还需要权衡信息披露的成本。

8.2 数据资产信息披露的内容与格式

《暂行规定》指明了企业通过周期性报告应当或者自愿披露的数据资产信息的内容与方式，这些内容也成为年报审计的对象，对数据资产相关信息的审计应纳入注册会计师的审计意见。为了提高信息沟通效率，企业也可以不限形式披露数据资产相关信息。

8.2.1 资产负债表数据资产信息披露

资产负债表提供最重要和最直观的企业财务状况的信息，其中应明示作为新型资产的数据资产，从而便于报表阅读者理解关于企业数据资产的详细信息。

根据中国证券监督委员会发布的《公开发行证券的公司信息披露内容与格式准则第 2 号——年度报告的内容与格式（2021 年修订）》，2024 年之前年度的上市公司年报中，关于存货、无形资产、开发支出栏目没有明确要求列示明细内容（可自愿列示），但数据资产入表后，应当予以明示。数据资产入表前后资产负债表格式对比示意见表 8-1。

表 8-1　数据资产入表前后资产负债表格式对比示意

数据资产入表前格式				数据资产入表后格式			
项目	附注	2024 年 12 月 31 日	2023 年 12 月 31 日	项目	附注	2024 年 12 月 31 日	2023 年 12 月 31 日
……				……			
存货	×	×××	×××	存货	×	×××	×××
……				其中：数据资源		×××	×××
无形资产	×	×××	×××	……			
……				无形资产	×	×××	×××
开发支出	×	×××	×××	其中：数据资源		×××	×××
……				……			
				开发支出	×	×××	×××
				其中：数据资源		×××	×××
				……			

增设项目的具体内容是，存货下的"其中：数据资源"项目反映资产负债表日确认为存货的数据资源的期末账面价值，无形资产下的"其中：数据资源"项目反映资产负债表日确认为无形资产的数据资源的期末账面

价值,开发支出下的"其中:数据资源"项目反映资产负债表日正在进行数据资源研究开发项目满足资本化条件的支出金额。

8.2.2 数据型存货的信息披露

确认为存货的数据资产,企业应在报表附注中予以详细披露相关具体信息。企业可以按照外购存货、自行加工存货等大类及其拆分的详细分类予以列示,具体披露格式见表 8–2。

表 8–2 数据型存货的信息披露格式

项 目	外购的数据资源存货	自行加工的数据资源存货	其他方式取得的数据资源存货	合 计
一、账面原值				
1. 期初余额				
2. 本期增加金额				
其中:购入				
采集加工				
其他增加				
3. 本期减少金额				
其中:出售				
终止确认				
其他减少				
二、存货跌价准备				
1. 期初余额				
2. 本期增加金额				
3. 本期减少金额				
其中:转回				
转销				
4. 期末余额				
三、账面价值				
1. 期末账面价值				
2. 期初账面价值				

对数据型存货进行信息披露时,除了列示相应项目的金额外,还应对相关会计政策等内容进行说明,包括发出存货成本所采用的方法,存货可变现净值的确定依据、跌价准备的计提及转回情况、具有重要影响的单项数据型存货的情况、数据权属受到限制及用于担保的数据型存货的情况等。

8.2.3 数据型无形资产的信息披露

确认为无形资产的数据资产,企业应在报表附注中予以详细披露相关具体信息。企业可以按照外购无形资产、自行加工无形资产等大类及其拆分的详细分类予以列示,具体披露格式见表8-3。

表8-3 数据型无形资产的信息披露格式

项 目	外购的数据资源无形资产	自行加工的数据资源无形资产	其他方式取得的数据资源无形资产	合 计
一、账面原值				
1. 期初余额				
2. 本期增加金额				
其中:购置				
内部研发				
其他增加				
3. 本期减少金额				
其中:处置				
终止确认				
其他减少				
二、累计摊销				
1. 期初余额				
2. 本期增加金额				
3. 本期减少金额				
其中:处置				
终止确认				
其他减少				

(续)

项目	外购的数据资源无形资产	自行加工的数据资源无形资产	其他方式取得的数据资源无形资产	合计
4. 期末余额				
三、减值准备				
1. 期初余额				
2. 本期增加金额				
3. 本期减少金额				
4. 期末余额				
四、账面价值				
1. 期末账面价值				
2. 期初账面价值				

对数据型无形资产进行信息披露时，除了列示相应项目的金额外，还应对相关会计政策等内容进行说明，包括以下几个方面：①使用寿命有限的数据型无形资产使用寿命的估计情况及摊销方法和使用寿命不确定的数据型无形资产账面价值及使用寿命不确定的判断依据；②数据型无形资产的摊销期、摊销方法或残值的变更内容、原因以及对当期和未来期间的影响；③对企业财务报表具有重要影响的单项数据型无形资产的内容、账面价值和剩余摊销期限等信息；④数据权属受到限制及用于担保的数据型无形资产的账面价值、当期摊销额等情况；⑤计入当期损益和确认为无形资产的数据资源研究开发支出金额；⑥数据型无形资产减值相关信息；⑦划分为持有待售类别的数据型无形资产相关信息。

8.2.4 企业自愿披露数据资产的相关内容

数据资产类型多样，特征复杂，企业可以根据实际情况，自愿披露有助于相关者理解的其他信息，《暂行规定》提供了一些建议供企业参考，主要有以下几个方面。

1）数据资产的环境因素：与数据资产应用场景相关的宏观经济和行业

领域前景等。

2）数据资产的来源信息：在条件具备的情况下披露形成数据资产的原始数据的类型、规模、来源、权属、质量等信息。

3）数据资产的运维：对数据资产的加工维护和安全保护情况，以及相关人才、关键技术等的持有和投入情况。

4）数据资产的应用：对企业创造价值的影响、应用场景或业务模式、相关产品或服务等的具体运营情况等。

5）重大交易事项：对企业生产经营或投融资活动中的重大交易，若涉及数据资产，应披露其对重大交易的影响及风险分析。

6）数据资产的权属情况：相关权利的失效情况及失效事由、对企业的影响及风险分析，数据资产交易转让、许可或应用可能涉及的地域限制、领域限制及法律法规限制等权利限制情况。

拓展资料

补充阅读

延伸讨论

1. 数据资产入表对财务指标的影响

数据资产以历史成本计量进入报表，且不对2024年1月1日以前的相关支出进行追溯调整，因此属于新会计政策的初次执行。对于数商企业而言，原来处理数据的支出，可能一部分计入软件或服务等相关产品的成本，一部分作为期间费用直接计入当期损益。新政策启用后，大部分与数据处理相关的支出进入数据型存货成本。计入费用还是计入产品成本，对企业财务指标的影响不同。

对于数据资产终端用户而言，之前除外购数据产品的采购成本外，数据资产的加工、周期性维护、产品迭代、技术服务等费用，以及自行开发数据产品过程中的各项支出，有相当比例予以费用化，在新政策下则有很大比例的支出可以资本化处理了。从费用化改为资本化，不仅影响企业当期财务指标，还会对未来若干年产生影响。

小组讨论

课程小组虚拟一个数商企业或数据产品终端用户企业（不同小组可以选择不同类型），预设2023年12月31日简化资产负债表，假定2024年发生数据资产的支出，分别按照数据资产不入表和入表两种情况，分析2024年当年及之后几年的资产负债表、利润表、现金流量表的差异，并形成课程报告，建议2000字以上。

作为进一步探索，课程小组研讨数据型无形资产若按照现值入账，超出历史成本部分应如何确认（如计入资本公积、营业外收入或其他项目）并进行论证，同时研讨对财务报表产生哪些影响，从而深化对会计学基本理论的理解。

2. 关于数据资产的信息披露

随着数据资产大量确认并在社会经济领域流通应用，数据资产信息可能对企业价值产生越来越重要的影响。目前，根据《暂行规定》，数据资产分别按照流动资产和长期资产进行确认、计量和信息披露。事实上，有些数据资产的流动性特征不明显，在确认其为流动资产还是长期资产方面存在不确定性，如数商企业确认为存货的数据资产，由于各种原因最终变成长期对外租赁的数据资产。同时，数据资产分开披露，不利于整体理解和把握数据资产的情况。未来可能需要设计一张独立的"数据资产表"，用以综合反映企业数据资产的状况，能够为投资者提供关于企业数据资产的整体印象。

小组讨论

课程小组运用会计学基本理论，设计"数据资产表"的结构和格式，并较为详细地说明各个披露项目的内容，任务完成后可以进行课堂交流研讨。

延伸讨论参考答案

第 9 章
数据资产会计的工作组织与展望

导 言

　　数据资产入表对大多数企业而言都是新事物，让数据资产顺利入表并发挥应有的作用需要进行组织结构、会计制度与技术等多方面的准备。从宏观来看，数据资产实现广泛的社会性流通并促进社会经济高质量发展，需要一个较长时期的探索和实践，需要政府、企业和学术界的共同努力。

　　根据《暂行规定》，数据资产入表不对过去经济事项进行追溯，而是采用未来适用法，即新的会计政策应用于执行日及以后发生的交易或者事项，不追溯调整之前已经费用化计入损益的与形成数据资产相关的支出。数据资产入表对企业等会计主体的管理实践产生较大影响，企业必须从组织层面做出相应调整以适应数据资产会计的需求，由此对高校等机构数据资产会计人才培养产生影响，也对会计学术界的学术研究提出新的挑战，数据资产会计的发展可能形成一个新的学科方向。

9.1 数据资产会计的工作组织

面对数据资产入表，企业应从组织、制度、技术等多个层面进行优化，以适应数据资产会计核算、价值管理等方面的新情况。为便于行文，企业会计或财务部门统称会计部门，会计或财务工作统称会计工作，会计或财务人员统称会计人员。

9.1.1 组织结构优化

数字经济时代，几乎所有企业都面临着数据资产的问题。数商企业以数据资产服务为业务，其组织结构就是围绕数据而设计的。非数商企业既可以是数据资产的生产加工者，也可以是数据资产的需求者和使用者，因此组织结构中应设置与数据资产核算和管理相关的组织单元或协作机制。

（1）数据中台与数据资产

数据资产是企业数字化转型的结果，数据资产的核算和管理不是企业会计部门独立的工作，而是与企业数据中心密切联系的一项跨部门合作事项。大型企业的数据资产管理更为迫切，很多企业建立了数据中台，数据中台为数据资产的确认、计量、价值评估及信息披露等工作奠定了重要基础。

数据中台不是一个企业的组织部门，而是一个将企业的数据进行集中管理和处理的平台，一般由企业的 IT 部门负责建设和维护，其中需要数据工程师、数据分析师以及数据专家等多个角色的协同工作。虽然数据中台不是一个正式的组织部门，但对于企业数字化转型和数据驱动决策意义重大。未来随着数据资产管理的重要性提升，"数据会计师"或成为一个新的角色，在数据中台的运行中发挥重要作用。

数据中台的运行流程是围绕企业各个部门、系统和数据源中的数据展开的，通过进行数据的管理、治理、分析和应用，支持企业管理决策和业务决策。一般情况下，数据中台的功能包括：①数据整合，将企业内部数据进行整合和集中管理，打破数据孤岛，实现企业内数据共享和流通；②数据治理，主要通过数据标准、数据质量、数据安全等方面的管理确保数据的准确性、完整性和可靠性；③数据建模与分析，通过建模将原始数据转化为有价值的信息，用于支持统计分析、数据挖掘、机器学习等，帮助企业决策；④数据应用，数据中台为企业内部各部门、各项业务提供数据服务；⑤数据拓展，数据中台支持新的数据来源和应用的接入，从而服务于企业决策。

随着数据资产正式进入报表，数据中台的功能将进一步延伸，即将"数据资产化"嵌入数据管理的流程中。事实上，数据中台运行流程中，数据建模与分析的过程可以同时进行数据的会计属性分析，判断数据是否可以资产化及如何入表，因此"数据资产化"可以成为数据中台运行的第四项功能，即介于"③数据建模与分析"和"④数据应用"之间。

（2）数据资产会计的组织设置

企业如何调整或设置组织结构以适应数据资产入表的要求，与企业规模和企业性质等因素密切相关。大中型企业、科技型企业、数据密度大的企业对数据资产管理的需求大，可能需要设置专门的高管以及数据资产会计分支部门，进行数据资产的确认、计量、信息披露以及数据经营、数据资本运营等工作。对数据资产管理需求不是很高的企业，可以仅设置"数据资产会计师"或"数据会计师"，负责数据资产会计的正常业务。

大型企业设置的数据资产会计分支部门可以隶属于会计部门，也可以成立一个独立的分支机构，由 CDO（Chief Data Officer，首席数据官）兼任领导和管理，有些企业已经设置该职位。CDO 作为企业高管之一，负责制定企业的数据战略以及制定数据治理框架和政策，管理企业的数据资产，推动企业建立数据驱动的决策机制，帮助企业建立数据驱动的文化，并寻求与外部合作伙伴进行数据合作，提升企业数字化竞争力。数据资产管理任务较轻的企业可以在会计部门下面设置分支部门或仅设置岗位。

数据资产会计师或数据会计师应承担的职责主要包括以下几个方面：①数据收集和整理，与数据中台或数据中心合作获取可能资产化的数据并进行收集和整理；②数据资产化分析，分析哪些数据满足数据资产化的条件，满足条件的进一步判断数据性质，决定归属为流动资产（存货）还是长期资产（无形资产）；③数据资产入表，对可入表的数据资产进行确认、计量和后续计量，以及期末进行例行信息披露或自愿性披露；④数据资产经营和运营，已确认数据资产可以用于交易，也可以用于资本运营，如作为担保进行融资或作为资本进行投资；⑤与其他部门进行协作，完成数据合规、数据安全、数据共享等方面的工作。

数据资产会计不仅具有会计性质，而且具有数据管理性质，无论 CDO 还是数据资产会计师，都应该是会计科学与数据科学的"双料专家"，从而充分发挥数据资产在价值创造和战略管理中的作用。

9.1.2 数据资产会计制度的建立和完善

制度是企业管理工作的指南和规范，会计制度则是数据资产会计工作的保障。数据资产入表要求企业应修改完善相关会计制度及管理制度，在

《暂行规定》等相关政策的整体框架下，结合会计学的基本原理，制定数据资产核算和信息披露的具体流程和相关责任制度。

从制度类别上看，需要将数据资产入表纳入制度内容的主要包括财务管理制度、会计核算制度、财务审批制度、内部审计制度、资产管理制度、资金管理制度以及税务管理制度等，这些制度都要充分考虑数据资产的采购、加工、评估、运维及税务等各个方面的核算和管理。当然，不同规模、行业和性质的企业，可以根据法律法规要求，制定或修改相应的管理制度。

从内容上看，数据资产入表涉及会计工作的工作流程、岗位设置、岗位职责、授权权限、监督控制以及合规审查等方面，相关管理制度都应结合数据资产入表产生的影响修改完善制度内容，确保数据资产能够科学地核算、有效地管理，充分释放价值，推动企业高质量发展。

9.1.3 会计技术与数据技术的升级与融合

数据资产入表，不仅仅是会计工作，也是数据管理工作，因此需要将会计技术与数据技术进行融会贯通，具体而言要将企业的数据中台与财务系统进行连接，这为财务软件开发者和企业财务、IT（Information Technology，信息技术）等部门提出了技术方面的任务和挑战。

首先是财务软件的升级。2023年12月和2024年1月，国内主要的财务软件供应商用友和金蝶分别发布了各自的数据资产入表解决方案，将数据资产的核算和信息披露工作内嵌入财务软件中，为企业完成数据资产会计工作提供了条件。数据资产入表为财务软件升级带来较大的压力，不仅要在核算系统的存货与无形资产项目中增加数据资产模块，而且要嵌入大量关于数据资产的模型为计量和评估数据资产成本、价值等提供工具，以及建立数据资产信息集成与报告的模块，为数据资产的审计工作提供便利。

同时，财务软件还要为数据资产的分析应用提供方法论，这里可能涉及大量的应用场景。

企业的数据中台或数据中心在数据资产管理中发挥着重要的作用，面对数据资产入表的新会计政策，数据中台也需要进一步升级功能，如数据中台要整合和处理入表的数据资产信息，充分利用资产化的数据进行分析和洞察，与财务人员协作将数据资产转化为实际的业务价值。企业也需要不断评估和优化数据中台的功能，为数据资产发挥生产要素的作用提供优良环境。数据资产入表要求对数据中台和财务系统进行系统集成和数据接口的开发，这需要 IT 部门和会计部门之间紧密合作，以确保数据的安全性、准确性和实时性。

企业数据中台与财务系统连接，将数据资产信息集成到数据中台，有利于数据中台整合多元化的数据源，确保数据的一致性和准确性，帮助企业进行深入的数据资产分析，提取有价值的信息支持财务决策。同时，数据中台和财务系统可以深化业财融合，实现数据资产的跨部门协作，提高企业整体效率。反之，数据中台和财务系统连接，通过提供算法或模型工具，有助于会计部门更科学地编制预算，进行数据资产的风险控制和风险管理。

9.2 数据资产会计的展望

将数据确认为一项重要的生产要素不仅是社会经济的一个重要事项，也是经济管理科学领域的一个重大事件，特别是对会计学领域的管理实践、理论研究和会计教育都会产生重大影响。

9.2.1 数据资产会计的实践探索

数字经济蓬勃发展，特别是数据资产入表，为会计的实务工作带来新的挑战，数据资产会计的出现也为会计工作发挥更重要的作用提供了机遇。

首先，数据资产会计实务工作的具体准则和方法尚不成熟。目前，《暂行规定》以既有会计准则为数据资产会计实务工作的规则，使得数据资产入表能够较为平稳地切入现有工作体系。但是大量关于数据资产核算和评估以及信息披露的问题属于数字经济时代的新生事物，而既有会计准则多是以工业经济环境下的会计工作为基础制定的，大量新的问题未能得到有效解决，如数据型存货的成本结转、数据型无形资产交易的收入确认及摊销等问题。

完善数据资产会计工作的准则，需要多方面的共同努力。一是企业会计实务工作反复实践，通过数据资产的管理实践发现和总结问题并寻求解决之道，为修正和完善数据资产相关会计准则提供实践基础；二是会计领域及数据科学等相关专家人员应基于管理实践进行理论研究，从理论层面探索科学的数据资产会计工作的规律和方法，从而不断完善相关会计准则。数据资产会计相关准则的探索和制定是一项长期工作，既需要基于我国国情探索，也需要进行国际交流，使得相关会计准则具有普适性。

其次，数据资产会计强化了业财融合的内涵，促进了企业各部门的融合，进一步加强了会计部门在企业管理工作中的地位。当前，很多企业出现了会计部门与数据中心或信息中心的功能交叉及管理功能的"C位之争"，这是因为会计部门也是天然的数据中心，掌握着企业重要的数据。数据资产会计将数据资产化，与企业重大决策与重大战略的关系更加紧密，会计工作与业务工作的融合加深，使得会计工作的重要性得到巩固和加强。

最后，数据资产会计为会计工作带来的最大挑战是人才供给。数据资产会计实务工作是一项融合会计、数据、法务、税务等各领域的综合性工作，对人才的知识结构提出了更高的要求，懂得会计学、计算机及商法的跨领域、复合型人才更适合负责数据资产会计工作。未来，无论企业内部培训、会计继续教育还是高校会计人才培养，都应着力加强数据资产会计方向的内容建设。

9.2.2 数据资产会计的理论研究

目前，数据资产会计的现状是管理实践先行，理论研究较缓慢，已经进行的研究多以探讨数据资产会计的基本概念和基础工作为主。尽管《暂行规定》已经出台，但国内外学术界还没有系统建立数据资产会计的理论基础和理论体系，完成这一数字经济时代的挑战尚需国内外学者做进一步的跨学科、跨专业、基于管理实践的理论探索。

展望未来，关于数据资产会计这一方向的理论研究可能包括但不限于以下几个方面。

（1）企业数据资产会计实务工作的理论依据

作为新生事物，数据资产会计的实务工作是创新性。《暂行规定》出台之前，大多数研究探讨的是数据资产的确权、确认、计量和信息披露的基本问题，《暂行规定》为会计实务工作提供了基本指南，之后理论研究开始向数据资产会计实务的理论依据转型，并为《暂行规定》的落地实施及进一步修改完善出谋划策，未来或许会出台统一的《数据资产会计准则》。

（2）数据资产的价值创造机制与价值评估

数据资产能够创造价值已成为共识，但数据资产为什么和怎样创造价值还缺乏深入的理论解释，同时数据资产的价值评估也需要结合价值创造机制进行创新性研究。当前，基于传统方法的数据资产价值评估存在很多不足之处，但如何弥补这些不足还没有彻底解决。数据资产的价值创造机制与价值评估并非单纯的会计领域问题,而是一个交叉学科问题,需要跨学科的联合攻关。

(3) 分类别的数据资产会计问题研究

当前,数据资产按主体分为公共数据、企业数据和个人数据,三种类别的数据在数据资产化、数据资产价值评估和数据资产交易以及数据资产应用方面均存在一定的不同,学术界正在深入研究不同类别的数据资产相关理论与实践问题。除会计学科外,每一种数据资产所涉及的学科领域有明显差异,因此未来数据资产会计也可以细化为不同的研究方向并形成各自的分支体系。

(4) 数据资本化与数据资本运营

数据资本化是数据资产化的延伸,数据资本运营则是以数据资产为载体进行的资本运营活动。当前,数据资产开始入表不久,企业数据资产化需要一个较长时期才能形成良性循环,因此数据资本化是下一阶段的重要工作。基于数据资产会计的理论与实践,对数据资本及数据资本运营展开深层次的理论研究,可以为数据资本运营的落地提供理论依据与方法指南。

(5) 数据资产的流通与应用理论研究

数据资产广泛存在,但数据资产充分释放价值需要充分流通,与其他各种生产要素进行融合。近年来的实践表明,当前数据资产场景释放仍然不够、高质量数据资产供给不足、流通交易机制仍然不畅。当前,国家高度重视和鼓励数据资产流通交易,数据确权、数据资产价值评估、数据资产入表等均已出台法规政策。2023年12月,国家数据局等部门发布《"数据要素×"三年行动计划(2024—2026年)》,为推动进一步发挥数据要素放大、叠加、倍增作用提出了近景规划,构建了以数据资产为核心的数字经济"施工图"。如何构建科学的数据资产流通体系,既需要实践摸索,也需要基于理论的深度研究。

(6) 数据资产会计的国际化研究

当前,基于我国数字基础设施领先且普及,数据资产实践走在世界前列,对数据资产会计的研究和实践也处于前沿,这为我国会计对全球会计发展做出自己的贡献提供了历史机遇。近年来,国际会计领域对数据资产的理解和研究基本上是在无形资产框架下展开的,我国的数据资产实践表明将数据资产纳入无形资产框架下有一定的合理性,但存在一些难以协调的问题,是否建立独立的"数据资产会计准则",未来需要会计学术界特别是我国会计学者高度重视,基于全球化视角进行深入探讨。

除上述研究主题外,还有很多方向等待会计学术界进行创新突破。通过对数据资产理论的研究,可以深入了解数据资产的本质、价值和管理方法,不断完善数据资产会计的理论体系并为实务工作提供依据和指南,为"数据强国"和我国经济高质量发展做出应有的贡献。

9.2.3 数据资产会计的人才培养

数据资产会计是数字经济产生的新事物,是数字化和智能化结出的果实,对社会经济发展具有重要意义,同时也为会计教育改革提出了重要挑战,为人才培养模式提出了更高的要求。

(1) 高校数据资产会计人才培养

高校是社会发展的重要阵地,是培养科技创新人才的摇篮。面对数据资产会计人才的迫切需求,高校会计学专业(以及工商管理学科下属相关专业)需要针对数据资产的发展趋势进行改革创新。

关于数据资产会计的改革创新举措有:①课程及教材建设。首先将数据资产概念引入已有财务、会计、审计等课程和教材中,待条件成熟时开发关于数据资产会计的相关课程及专业教材,如"数据资产会计""数据资产审计""数据资产评估"等。②交叉学科建设。办学成熟的高校可以设置融合计算机科学、法学等专业知识的新兴交叉学科方向"数据资产会计"，设计适合数据资产管理的培养方案，在精炼现有专业课及数学、管理及经济类课程基础上，适当增加数据库应用、大数据分析、算法设计等相关课程，帮助学生用专业的眼光对数据进行筛选，了解企业数据资产的价值创造机制，准确评估数据资产价值，顺利应对企业数据安全风险，充分发挥企业数据资产价值。③产学研合作。高校应加强与企业的产学研合作，如派驻教师进行实地调研学习，邀请大数据分析行业、数据资产应用相关企业的专业人员开设讲座等，实现理论与方法的落地，让培养的人才既有理论高度，又有实干能力。

（2）数据资产会计的社会培训

高校会计学专业改革虽然能够为行业培养专业人才，但培养周期长。就当前数据资产会计的人才需求来看，社会化培训具有紧迫性。《暂行规定》发布后，大量协会、省市政府、智库机构及大型企业举办了多轮次以"企业数据资产入表"为主题的培训，这些培训能够在一定程度上解决数据资产会计需求的燃眉之急。未来，关于数据资产会计的社会化培训需要进一步提升专业性和系统性。

（3）数据资产会计师（数据会计师）资格认证

随着时代发展和数据资产入表的深入推进，数据资产会计工作将变得比传统会计工作复杂得多，对职业资格的要求更高，未来或许可能出现数据资产会计师（数据会计师）资格认证，以适应高层次的数据资产会计工作。数据资产会计师不仅要深谙会计专业的理论与实务，而且要充分理解和掌握数据治理、数据资产开发、数据交易以及数据合规方面的知识与技能。

拓展资料

补充阅读

延伸讨论

1. 对未来适用法的认识

《暂行规定》要求数据资产入表采用未来适用法,不对企业之前已经费用化计入损益的与形成数据资产相关的支出进行追溯调整。

小组讨论

课程小组讨论如果可以对过去经济事项进行追溯调整以确认相关数据资产,在会计实务中应该如何进行这项工作,并进一步论证数据资产入表采用未来适用法的必要性。课程小组梳理关键观点后进行课堂研讨。

2. 关于数据资产会计师的能力结构

通过数据资产会计课程的学习,了解到数据资产会计将成为一个新的岗位,并且随着数据资产范围的扩大而变得越来越重要。

小组讨论

根据本书内容,结合其他课程的学习以及对社会经济的了解,课程小组讨论未来"数据资产会计师"的能力结构,形成课程报告,建议 2 000 字以上。

延伸讨论参考答案

附 录

附录 A 《中共中央 国务院关于构建数据基础制度更好发挥数据要素作用的意见》

数据作为新型生产要素,是数字化、网络化、智能化的基础,已快速融入生产、分配、流通、消费和社会服务管理等各环节,深刻改变着生产方式、生活方式和社会治理方式。数据基础制度建设事关国家发展和安全大局。为加快构建数据基础制度,充分发挥我国海量数据规模和丰富应用场景优势,激活数据要素潜能,做强做优做大数字经济,增强经济发展新动能,构筑国家竞争新优势,现提出如下意见。

一、总体要求

(一)指导思想。以习近平新时代中国特色社会主义思想为指导,深入贯彻党的二十大精神,完整、准确、全面贯彻新发展理念,加快构建新发展格局,坚持改革创新、系统谋划,以维护国家数据安全、保护个人信息和商业秘密为前提,以促进数据合规高效流通使用、赋能实体经济为主线,以数据产权、流通交易、收益分配、安全治理为重点,深入参与国际高标准数字规则制定,构建适应数据特征、符合数字经济发展规律、保障国家数据安全、彰显创新引领的数据基础制度,充分实现数据要素价值、促进全体人民共享数字经济发展红利,为深化创新驱动、推动高质量发展、推进国家治理体系和治理能力现代化提供有力支撑。

(二)工作原则

——遵循发展规律,创新制度安排。充分认识和把握数据产权、流通、交易、使用、分配、治理、安全等基本规律，探索有利于数据安全保护、有效利用、合规流通的产权制度和市场体系，完善数据要素市场体制机制，在实践中完善，在探索中发展，促进形成与数字生产力相适应的新型生产关系。

——坚持共享共用，释放价值红利。合理降低市场主体获取数据的门槛，增强数据要素共享性、普惠性，激励创新创业创造，强化反垄断和反不正当竞争，形成依法规范、共同参与、各取所需、共享红利的发展模式。

——强化优质供给，促进合规流通。顺应经济社会数字化转型发展趋势，推动数据要素供给调整优化，提高数据要素供给数量和质量。建立数据可信流通体系，增强数据的可用、可信、可流通、可追溯水平。实现数据流通全过程动态管理，在合规流通使用中激活数据价值。

——完善治理体系，保障安全发展。统筹发展和安全，贯彻总体国家安全观，强化数据安全保障体系建设，把安全贯穿数据供给、流通、使用全过程，划定监管底线和红线。加强数据分类分级管理，把该管的管住、该放的放开，积极有效防范和化解各种数据风险，形成政府监管与市场自律、法治与行业自治协同、国内与国际统筹的数据要素治理结构。

——深化开放合作，实现互利共赢。积极参与数据跨境流动国际规则制定，探索加入区域性国际数据跨境流动制度安排。推动数据跨境流动双边多边协商，推进建立互利互惠的规则等制度安排。鼓励探索数据跨境流动与合作的新途径新模式。

二、建立保障权益、合规使用的数据产权制度

探索建立数据产权制度，推动数据产权结构性分置和有序流通，结合数据要素特性强化高质量数据要素供给；在国家数据分类分级保护制度下，推进数据分类分级确权授权使用和市场化流通交易，健全数据要素权益保护制度，逐步形成具有中国特色的数据产权制度体系。

（三）探索数据产权结构性分置制度。建立公共数据、企业数据、个人数据的分类分级确权授权制度。根据数据来源和数据生成特征，分别界定数据生产、流通、使用过程中各参与方享有的合法权利，建立数据资源持有权、数据加工使用权、数据产品经营权等分置的产权运行机制，推进非公共数据按市场化方式"共同使用、共享收益"的新模式，为激活数据要素价值创造和价值实现提供基础性制度保障。研究数据产权登记新方式。在保障安全前提下，推动数据处理者依法依规对原始数据进行开发利用，支持数据处理者依法依规行使数据应用相关权利，促进数据使用价值复用与充分利用，促进数据使用权交换和市场化流通。审慎对待原始数据的流转交易行为。

（四）推进实施公共数据确权授权机制。对各级党政机关、企事业单位依法履职或提供公共服务过程中产生的公共数据，加强汇聚共享和开放开发，强化统筹授权使用和管理，推进互联互通，打破"数据孤岛"。鼓励公共数据在保护个人隐私和确保公共安全的前提下，按照"原始数据不出域、数据可用不可见"的要求，以模型、核验等产品和服务等形式向社会提供，对不承载个人信息和不影响公共安全的公共数据，推动按用途加大供给使用范围。推动用于公共治理、公益事业的公共数据有条件无偿使用，探索用于产业发展、行业发展的公共数据有条件有偿使用。依法依规予以保密的公共数据不予开放，严格管控未依法依规公开的原始公共数据直接进入市场，保障公共数据供给使用的公共利益。

（五）推动建立企业数据确权授权机制。对各类市场主体在生产经营活动中采集加工的不涉及个人信息和公共利益的数据，市场主体享有依法依规持有、使用、获取收益的权益，保障其投入的劳动和其他要素贡献获得合理回报，加强数据要素供给激励。鼓励探索企业数据授权使用新模式，发挥国有企业带头作用，引导行业龙头企业、互联网平台企业发挥带动作用，促进与中小微企业双向公平授权，共同合理使用数据，赋能中小微企业数字化转型。支持第三方机构、中介服务组织加强数据采集和质量评估标准制定，推动数据产品标准化，发展数据分析、数据服务等产业。政府部门履职可依法依规获取相关企业和机构数据，但须约定并严格遵守使用限制要求。

（六）建立健全个人信息数据确权授权机制。对承载个人信息的数据，推动数据处理者按照个人授权范围依法依规采集、持有、托管和使用数据，规范对个人信息的处理活动，不得采取"一揽子授权"、强制同意等方式过度收集个人信息，促进个人信息合理利用。探索由受托者代表个人利益，监督市场主体对个人信息数据进行采集、加工、使用的机制。对涉及国家安全的特殊个人信息数据，可依法依规授权有关单位使用。加大个人信息保护力度，推动重点行业建立完善长效保护机制，强化企业主体责任，规范企业采集使用个人信息行为。创新技术手段，推动个人信息匿名化处理，保障使用个人信息数据时的信息安全和个人隐私。

（七）建立健全数据要素各参与方合法权益保护制度。充分保护数据来源者合法权益，推动基于知情同意或存在法定事由的数据流通使用模式，保障数据来源者享有获取或复制转移由其促成产生数据的权益。合理保护数据处理者对依法依规持有的数据进行自主管控的权益。在保护公共利益、数据安全、数据来源者合法权益的前提下，承认和保护依照法律规定或合同约定获取的数据加工使用权，尊重数据采集、加工等数据处理者的劳动和其他要素贡献，充分保障数据处理者使用数据和获得收益的权利。保护经加工、分析等形成数据或数据衍生产品的经营权，依法依规规范数据处理者许可他人使用数据或数据衍生产品的权利，促进数据要素流通复用。建立健全基于法律规定或合同约定流转数据相关财产性权益的机制。在数据处理者发生合并、分立、解散、被宣告破产时，推动相关权利和义务依法依规同步转移。

三、建立合规高效、场内外结合的数据要素流通和交易制度

完善和规范数据流通规则,构建促进使用和流通、场内场外相结合的交易制度体系,规范引导场外交易,培育壮大场内交易;有序发展数据跨境流通和交易,建立数据来源可确认、使用范围可界定、流通过程可追溯、安全风险可防范的数据可信流通体系。

(八)完善数据全流程合规与监管规则体系。建立数据流通准入标准规则,强化市场主体数据全流程合规治理,确保流通数据来源合法、隐私保护到位、流通和交易规范。结合数据流通范围、影响程度、潜在风险,区分使用场景和用途用量,建立数据分类分级授权使用规范,探索开展数据质量标准化体系建设,加快推进数据采集和接口标准化,促进数据整合互通和互操作。支持数据处理者依法依规在场内和场外采取开放、共享、交换、交易等方式流通数据。鼓励探索数据流通安全保障技术、标准、方案。支持探索多样化、符合数据要素特性的定价模式和价格形成机制,推动用于数字化发展的公共数据按政府指导定价有偿使用,企业与个人信息数据市场自主定价。加强企业数据合规体系建设和监管,严厉打击黑市交易,取缔数据流通非法产业。建立实施数据安全管理认证制度,引导企业通过认证提升数据安全管理水平。

(九)统筹构建规范高效的数据交易场所。加强数据交易场所体系设计,统筹优化数据交易场所的规划布局,严控交易场所数量。出台数据交易场所管理办法,建立健全数据交易规则,制定全国统一的数据交易、安全等标准体系,降低交易成本。引导多种类型的数据交易场所共同发展,突出国家级数据交易场所合规监管和基础服务功能,强化其公共属性和公益定位,推进数据交易场所与数据商功能分离,鼓励各类数据商进场交易。规范各地区各部门设立的区域性数据交易场所和行业性数据交易平台,构

建多层次市场交易体系，推动区域性、行业性数据流通使用。促进区域性数据交易场所和行业性数据交易平台与国家级数据交易场所互联互通。构建集约高效的数据流通基础设施，为场内集中交易和场外分散交易提供低成本、高效率、可信赖的流通环境。

（十）培育数据要素流通和交易服务生态。围绕促进数据要素合规高效、安全有序流通和交易需要，培育一批数据商和第三方专业服务机构。通过数据商，为数据交易双方提供数据产品开发、发布、承销和数据资产的合规化、标准化、增值化服务，促进提高数据交易效率。在智能制造、节能降碳、绿色建造、新能源、智慧城市等重点领域，大力培育贴近业务需求的行业性、产业化数据商，鼓励多种所有制数据商共同发展、平等竞争。有序培育数据集成、数据经纪、合规认证、安全审计、数据公证、数据保险、数据托管、资产评估、争议仲裁、风险评估、人才培训等第三方专业服务机构，提升数据流通和交易全流程服务能力。

（十一）构建数据安全合规有序跨境流通机制。开展数据交互、业务互通、监管互认、服务共享等方面国际交流合作，推进跨境数字贸易基础设施建设，以《全球数据安全倡议》为基础，积极参与数据流动、数据安全、认证评估、数字货币等国际规则和数字技术标准制定。坚持开放发展，推动数据跨境双向有序流动，鼓励国内外企业及组织依法依规开展数据跨境流动业务合作，支持外资依法依规进入开放领域，推动形成公平竞争的国际化市场。针对跨境电商、跨境支付、供应链管理、服务外包等典型应用场景，探索安全规范的数据跨境流动方式。统筹数据开发利用和数据安全保护，探索建立跨境数据分类分级管理机制。对影响或者可能影响国家安全的数据处理、数据跨境传输、外资并购等活动依法依规进行国家安全审查。按照对等原则，对维护国家安全和利益、履行国际义务相关的属于管制物项的数据依法依规实施出口管制，保障数据用于合法用途，防范数据出境安全风险。探索构建多渠道、便利化的数据跨境流动监管机制，健全多部门协调配合的数据跨境流动监管体系。反对数据霸权和数据保护主义，有效应对数据领域"长臂管辖"。

四、建立体现效率、促进公平的数据要素收益分配制度

顺应数字产业化、产业数字化发展趋势，充分发挥市场在资源配置中的决定性作用，更好发挥政府作用。完善数据要素市场化配置机制，扩大数据要素市场化配置范围和按价值贡献参与分配渠道。完善数据要素收益的再分配调节机制，让全体人民更好共享数字经济发展成果。

（十二）健全数据要素由市场评价贡献、按贡献决定报酬机制。结合数据要素特征，优化分配结构，构建公平、高效、激励与规范相结合的数据价值分配机制。坚持"两个毫不动摇"，按照"谁投入、谁贡献、谁受益"原则，着重保护数据要素各参与方的投入产出收益，依法依规维护数据资源资产权益，探索个人、企业、公共数据分享价值收益的方式，建立健全更加合理的市场评价机制，促进劳动者贡献和劳动报酬相匹配。推动数据要素收益向数据价值和使用价值的创造者合理倾斜，确保在开发挖掘数据价值各环节的投入有相应回报，强化基于数据价值创造和价值实现的激励导向。通过分红、提成等多种收益共享方式，平衡兼顾数据内容采集、加工、流通、应用等不同环节相关主体之间的利益分配。

（十三）更好发挥政府在数据要素收益分配中的引导调节作用。逐步建立保障公平的数据要素收益分配体制机制，更加关注公共利益和相对弱势群体。加大政府引导调节力度，探索建立公共数据资源开放收益合理分享机制，允许并鼓励各类企业依法依规依托公共数据提供公益服务。推动大型数据企业积极承担社会责任，强化对弱势群体的保障帮扶，有力有效应对数字化转型过程中的各类风险挑战。不断健全数据要素市场体系和制度规则，防止和依法依规规制资本在数据领域无序扩张形成市场垄断等问题。

统筹使用多渠道资金资源，开展数据知识普及和教育培训，提高社会整体数字素养，着力消除不同区域间、人群间数字鸿沟，增进社会公平、保障民生福祉、促进共同富裕。

五、建立安全可控、弹性包容的数据要素治理制度

把安全贯穿数据治理全过程，构建政府、企业、社会多方协同的治理模式，创新政府治理方式，明确各方主体责任和义务，完善行业自律机制，规范市场发展秩序，形成有效市场和有为政府相结合的数据要素治理格局。

（十四）创新政府数据治理机制。充分发挥政府有序引导和规范发展的作用，守住安全底线，明确监管红线，打造安全可信、包容创新、公平开放、监管有效的数据要素市场环境。强化分行业监管和跨行业协同监管，建立数据联管联治机制，建立健全鼓励创新、包容创新的容错纠错机制。建立数据要素生产流通使用全过程的合规公证、安全审查、算法审查、监测预警等制度，指导各方履行数据要素流通安全责任和义务。建立健全数据流通监管制度，制定数据流通和交易负面清单，明确不能交易或严格限制交易的数据项。强化反垄断和反不正当竞争，加强重点领域执法司法，依法依规加强经营者集中审查，依法依规查处垄断协议、滥用市场支配地位和违法实施经营者集中行为，营造公平竞争、规范有序的市场环境。在落实网络安全等级保护制度的基础上全面加强数据安全保护工作，健全网络和数据安全保护体系，提升纵深防护与综合防御能力。

（十五）压实企业的数据治理责任。坚持"宽进严管"原则，牢固树立企业的责任意识和自律意识。鼓励企业积极参与数据要素市场建设，围绕数据来源、数据产权、数据质量、数据使用等，推行面向数据商及第三方专业服务机构的数据流通交易声明和承诺制。严格落实相关法律规定，在数据采集汇聚、加工处理、流通交易、共享利用等各环节，推动企业依法依规承担相应责任。企业应严格遵守反垄断法等相关法律规定，不得利用数据、算法等优势和技术手段排除、限制竞争,实施不正当竞争。规范企业参与政府信息化建设中的政务数据安全管理,确保有规可循、有序发展、安全可控。建立健全数据要素登记及披露机制,增强企业社会责任,打破"数据垄断",促进公平竞争。

(十六)充分发挥社会力量多方参与的协同治理作用。鼓励行业协会等社会力量积极参与数据要素市场建设,支持开展数据流通相关安全技术研发和服务,促进不同场景下数据要素安全可信流通。建立数据要素市场信用体系,逐步完善数据交易失信行为认定、守信激励、失信惩戒、信用修复、异议处理等机制。畅通举报投诉和争议仲裁渠道,维护数据要素市场良好秩序。加快推进数据管理能力成熟度国家标准及数据要素管理规范贯彻执行工作,推动各部门各行业完善元数据管理、数据脱敏、数据质量、价值评估等标准体系。

六、保障措施

加大统筹推进力度,强化任务落实,创新政策支持,鼓励有条件的地方和行业在制度建设、技术路径、发展模式等方面先行先试,鼓励企业创新内部数据合规管理体系,不断探索完善数据基础制度。

(十七)切实加强组织领导。加强党对构建数据基础制度工作的全面领导,在党中央集中统一领导下,充分发挥数字经济发展部际联席会议作用,加强整体工作统筹,促进跨地区跨部门跨层级协同联动,强化督促指导。各地区各部门要高度重视数据基础制度建设,统一思想认识,加大改革力度,结合各自实际,制定工作举措,细化任务分工,抓好推进落实。

(十八)加大政策支持力度。加快发展数据要素市场,做大做强数据要素型企业。提升金融服务水平,引导创业投资企业加大对数据要素型企业的投入力度,鼓励征信机构提供基于企业运营数据等多种数据要素的多样化征信服务,支持实体经济企业特别是中小微企业数字化转型赋能开展信用融资。探索数据资产入表新模式。

（十九）积极鼓励试验探索。坚持顶层设计与基层探索结合，支持浙江等地区和有条件的行业、企业先行先试，发挥好自由贸易港、自由贸易试验区等高水平开放平台作用，引导企业和科研机构推动数据要素相关技术和产业应用创新。采用"揭榜挂帅"方式，支持有条件的部门、行业加快突破数据可信流通、安全治理等关键技术，建立创新容错机制，探索完善数据要素产权、定价、流通、交易、使用、分配、治理、安全的政策标准和体制机制，更好发挥数据要素的积极作用。

（二十）稳步推进制度建设。围绕构建数据基础制度，逐步完善数据产权界定、数据流通和交易、数据要素收益分配、公共数据授权使用、数据交易场所建设、数据治理等主要领域关键环节的政策及标准。加强数据产权保护、数据要素市场制度建设、数据要素价格形成机制、数据要素收益分配、数据跨境传输、争议解决等理论研究和立法研究，推动完善相关法律制度。及时总结提炼可复制可推广的经验和做法，以点带面推动数据基础制度构建实现新突破。数字经济发展部际联席会议定期对数据基础制度建设情况进行评估，适时进行动态调整，推动数据基础制度不断丰富完善。

附录 B 《企业数据资源相关会计处理暂行规定》

为规范企业数据资源相关会计处理，强化相关会计信息披露，根据《中华人民共和国会计法》和企业会计准则等相关规定，现对企业数据资源的相关会计处理规定如下：

一、关于适用范围

本规定适用于企业按照企业会计准则相关规定确认为无形资产或存货等资产类别的数据资源，以及企业合法拥有或控制的、预期会给企业带来经济利益的、但由于不满足企业会计准则相关资产确认条件而未确认为资产的数据资源的相关会计处理。

二、关于数据资源会计处理适用的准则

企业应当按照企业会计准则相关规定，根据数据资源的持有目的、形成方式、业务模式，以及与数据资源有关的经济利益的预期消耗方式等，对数据资源相关交易和事项进行会计确认、计量和报告。

1. 企业使用的数据资源，符合《企业会计准则第 6 号——无形资产》（财会〔2006〕3 号，以下简称无形资产准则）规定的定义和确认条件的，应当确认为无形资产。

2. 企业应当按照无形资产准则、《〈企业会计准则第 6 号——无形资产〉应用指南》（财会〔2006〕18 号，以下简称无形资产准则应用指南）等规定，对确认为无形资产的数据资源进行初始计量、后续计量、处置和报废等相关会计处理。

其中，企业通过外购方式取得确认为无形资产的数据资源，其成本包括购买价款、相关税费，直接归属于使该项无形资产达到预定用途所发生的数据脱敏、清洗、标注、整合、分析、可视化等加工过程所发生的有关支出，以及数据权属鉴证、质量评估、登记结算、安全管理等费用。企业通过外购方式取得数据采集、脱敏、清洗、标注、整合、分析、可视化等服务所发生的有关支出，不符合无形资产准则规定的无形资产定义和确认条件的，应当根据用途计入当期损益。

企业内部数据资源研究开发项目的支出，应当区分研究阶段支出与开发阶段支出。研究阶段的支出，应当于发生时计入当期损益。开发阶段的支出，满足无形资产准则第九条规定的有关条件的，才能确认为无形资产。

企业在对确认为无形资产的数据资源的使用寿命进行估计时，应当考虑无形资产准则应用指南规定的因素，并重点关注数据资源相关业务模式、权利限制、更新频率和时效性、有关产品或技术迭代、同类竞品等因素。

3. 企业在持有确认为无形资产的数据资源期间，利用数据资源对客户提供服务的，应当按照无形资产准则、无形资产准则应用指南等规定，将无形资产的摊销金额计入当期损益或相关资产成本；同时，企业应当按照《企业会计准则第 14 号——收入》（财会〔2017〕22 号，以下简称收入准则）等规定确认相关收入。

除上述情形外，企业利用数据资源对客户提供服务的，应当按照收入准则等规定确认相关收入，符合有关条件的应当确认合同履约成本。

4. 企业日常活动中持有、最终目的用于出售的数据资源，符合《企业会计准则第 1 号——存货》（财会〔2006〕3 号，以下简称存货准则）规定的定义和确认条件的，应当确认为存货。

5. 企业应当按照存货准则、《〈企业会计准则第 1 号——存货〉应用指南》（财会〔2006〕18 号）等规定，对确认为存货的数据资源进行初始计量、后续计量等相关会计处理。

其中，企业通过外购方式取得确认为存货的数据资源，其采购成本包括购买价款、相关税费、保险费，以及数据权属鉴证、质量评估、登记结算、安全管理等所发生的其他可归属于存货采购成本的费用。企业通过数据加工取得确认为存货的数据资源，其成本包括采购成本，数据采集、脱敏、清洗、标注、整合、分析、可视化等加工成本和使存货达到目前场所和状态所发生的其他支出。

6. 企业出售确认为存货的数据资源，应当按照存货准则将其成本结转为当期损益；同时，企业应当按照收入准则等规定确认相关收入。

7. 企业出售未确认为资产的数据资源，应当按照收入准则等规定确认相关收入。

三、关于列示和披露要求

（一）资产负债表相关列示。

企业在编制资产负债表时，应当根据重要性原则并结合本企业的实际情况，在"存货"项目下增设"其中：数据资源"项目，反映资产负债表日确认为存货的数据资源的期末账面价值；在"无形资产"项目下增设"其中：数据资源"项目，反映资产负债表日确认为无形资产的数据资源的期末账面价值；在"开发支出"项目下增设"其中：数据资源"项目，反映资产负债表日正在进行数据资源研究开发项目满足资本化条件的支出金额。

（二）相关披露。

企业应当按照相关企业会计准则及本规定等，在会计报表附注中对数据资源相关会计信息进行披露。

1. 确认为无形资产的数据资源相关披露。

（1）企业应当按照外购无形资产、自行开发无形资产等类别，对确认为无形资产的数据资源（以下简称数据资源无形资产）相关会计信息进行披露，并可以在此基础上根据实际情况对类别进行拆分。具体披露格式如下：

项　目	外购的数据资源无形资产	自行开发的数据资源无形资产	其他方式取得的数据资源无形资产	合计
一、账面原值				
1. 期初余额				
2. 本期增加金额				
其中：购入				
内部研发				
其他增加				
3. 本期减少金额				
其中：处置				
失效且终止确认				
其他减少				
4. 期末余额				
二、累计摊销				
1. 期初余额				
2. 本期增加金额				
3. 本期减少金额				
其中：处置				
失效且终止确认				
其他减少				
4. 期末余额				
三、减值准备				
1. 期初余额				
2. 本期增加金额				
3. 本期减少金额				
4. 期末余额				
四、账面价值				
1. 期末账面价值				
2. 期初账面价值				

（2）对于使用寿命有限的数据资源无形资产，企业应当披露其使用寿命的估计情况及摊销方法；对于使用寿命不确定的数据资源无形资产，企业应当披露其账面价值及使用寿命不确定的判断依据。

（3）企业应当按照《企业会计准则第 28 号——会计政策、会计估计变更和差错更正》（财会〔2006〕3 号）的规定，披露对数据资源无形资产的摊销期、摊销方法或残值的变更内容、原因以及对当期和未来期间的影响数。

（4）企业应当单独披露对企业财务报表具有重要影响的单项数据资源无形资产的内容、账面价值和剩余摊销期限。

（5）企业应当披露所有权或使用权受到限制的数据资源无形资产，以及用于担保的数据资源无形资产的账面价值、当期摊销额等情况。

（6）企业应当披露计入当期损益和确认为无形资产的数据资源研究开发支出金额。

（7）企业应当按照《企业会计准则第 8 号——资产减值》（财会〔2006〕3 号）等规定，披露与数据资源无形资产减值有关的信息。

（8）企业应当按照《企业会计准则第 42 号——持有待售的非流动资产、处置组和终止经营》（财会〔2017〕13 号）等规定，披露划分为持有待售类别的数据资源无形资产有关信息。

2. 确认为存货的数据资源相关披露。

（1）企业应当按照外购存货、自行加工存货等类别，对确认为存货的数据资源（以下简称数据资源存货）相关会计信息进行披露，并可以在此基础上根据实际情况对类别进行拆分。具体披露格式如下：

项　目	外购的数据资源存货	自行加工的数据资源存货	其他方式取得的数据资源存货	合计
一、账面原值				
1. 期初余额				
2. 本期增加金额				
其中：购入				
采集加工				
其他增加				

(续)

项　目	外购的数据资源存货	自行加工的数据资源存货	其他方式取得的数据资源存货	合计
3. 本期减少金额				
其中：出售				
失效且终止确认				
其他减少				
4. 期末余额				
二、存货跌价准备				
1. 期初余额				
2. 本期增加金额				
3. 本期减少金额				
其中：转回				
转销				
4. 期末余额				
三、账面价值				
1. 期末账面价值				
2. 期初账面价值				

（2）企业应当披露确定发出数据资源存货成本所采用的方法。

（3）企业应当披露数据资源存货可变现净值的确定依据、存货跌价准备的计提方法、当期计提的存货跌价准备的金额、当期转回的存货跌价准备的金额，以及计提和转回的有关情况。

（4）企业应当单独披露对企业财务报表具有重要影响的单项数据资源存货的内容、账面价值和可变现净值。

（5）企业应当披露所有权或使用权受到限制的数据资源存货，以及用于担保的数据资源存货的账面价值等情况。

3. 其他披露要求。

企业对数据资源进行评估且评估结果对企业财务报表具有重要影响的，应当披露评估依据的信息来源，评估结论成立的假设前提和限制条件，评估方法的选择，各重要参数的来源、分析、比较与测算过程等信息。

企业可以根据实际情况，自愿披露数据资源（含未作为无形资产或存货确认的数据资源）下列相关信息：

（1）数据资源的应用场景或业务模式、对企业创造价值的影响方式，与数据资源应用场景相关的宏观经济和行业领域前景等。

（2）用于形成相关数据资源的原始数据的类型、规模、来源、权属、质量等信息。

（3）企业对数据资源的加工维护和安全保护情况，以及相关人才、关键技术等的持有和投入情况。

（4）数据资源的应用情况，包括数据资源相关产品或服务等的运营应用、作价出资、流通交易、服务计费方式等情况。

（5）重大交易事项中涉及的数据资源对该交易事项的影响及风险分析，重大交易事项包括但不限于企业的经营活动、投融资活动、质押融资、关联方及关联交易、承诺事项、或有事项、债务重组、资产置换等。

（6）数据资源相关权利的失效情况及失效事由、对企业的影响及风险分析等，如数据资源已确认为资产的，还包括相关资产的账面原值及累计摊销、减值准备或跌价准备、失效部分的会计处理。

（7）数据资源转让、许可或应用所涉及的地域限制、领域限制及法律法规限制等权利限制。

（8）企业认为有必要披露的其他数据资源相关信息。

四、附则

本规定自2024年1月1日起施行。企业应当采用未来适用法执行本规定，本规定施行前已经费用化计入损益的数据资源相关支出不再调整。

参考文献

[1] 金帆. 数据资产会计:产品观与资本观 [J]. 财务管理研究, 2024, 6 (1): 87 - 93.

[2] 张俊瑞, 危雁麟, 宋晓悦. 企业数据资产的会计处理及信息列报研究 [J]. 会计与经济研究, 2020 (3): 3 - 15.

[3] 祝少威, 李莉. 数据资产的会计确认与计量研究:以我国电商企业为例 [J]. 商业会计, 2022 (14): 99 - 101.

[4] 李静萍. 数据资产核算研究 [J]. 统计研究, 2020, 37 (11): 3 - 14.

[5] 曾家瑜, 赵治纲. 数据资产会计标准研究的进展与展望 [J]. 中国注册会计师, 2023 (12): 67 - 73.

[6] 叶雅珍, 刘国华, 朱扬勇. 数据资产相关概念综述 [J]. 计算机科学, 2019, 46 (11): 20 - 24.

[7] 吕慧, 赵冠月. 数据资产的价值评估与会计处理研究进展综述 [J]. 财会通讯, 2023 (13): 24 - 30.

[8] 吴果莲, 苑秀娥. 基于应用场景的数据资产会计核算研究 [J]. 中国注册会计师, 2023 (6): 91 - 95.